思想的 · 睿智的 · 獨見的

經典名著文庫

學術評議

丘為君　吳惠林　宋鎮照　林玉体　邱燮友

洪漢鼎　孫效智　秦夢群　高明士　高宣揚

張光宇　張炳陽　陳秀蓉　陳思賢　陳清秀

陳鼓應　曾永義　黃光國　黃光雄　黃昆輝

黃政傑　楊維哲　葉海煙　葉國良　廖達琪

劉滄龍　黎建球　盧美貴　薛化元　謝宗林

簡成熙　顏厥安（以姓氏筆畫排序）

策劃　楊榮川

五南圖書出版公司 印行

經典名著文庫

學術評議者簡介（依姓氏筆畫排序）

- 丘為君　美國俄亥俄州立大學歷史研究所博士
- 吳惠林　美國芝加哥大學經濟系訪問研究、臺灣大學經濟系博士
- 宋鎮照　美國佛羅里達大學社會學博士
- 林玉体　美國愛荷華大學哲學博士
- 邱燮友　國立臺灣師範大學國文研究所文學碩士
- 洪漢鼎　德國杜塞爾多夫大學榮譽博士
- 孫效智　德國慕尼黑哲學院哲學博士
- 秦夢群　美國麥迪遜威斯康辛大學博士
- 高明士　日本東京大學歷史學博士
- 高宣揚　巴黎第一大學哲學系博士
- 張光宇　美國加州大學柏克萊校區語言學博士
- 張炳陽　國立臺灣大學哲學研究所博士
- 陳秀蓉　國立臺灣大學理學院心理學研究所臨床心理學組博士
- 陳思賢　美國約翰霍普金斯大學政治學博士
- 陳清秀　美國喬治城大學訪問研究、臺灣大學法學博士
- 陳鼓應　國立臺灣大學哲學研究所
- 曾永義　國家文學博士、中央研究院院士
- 黃光國　美國夏威夷大學社會心理學博士
- 黃光雄　國家教育學博士
- 黃昆輝　美國北科羅拉多州立大學博士
- 黃政傑　美國麥迪遜威斯康辛大學博士
- 楊維哲　美國普林斯頓大學數學博士
- 葉海煙　私立輔仁大學哲學研究所博士
- 葉國良　國立臺灣大學中文所博士
- 廖達琪　美國密西根大學政治學博士
- 劉滄龍　德國柏林洪堡大學哲學博士
- 黎建球　私立輔仁大學哲學研究所博士
- 盧美貴　國立臺灣師範大學教育學博士
- 薛化元　國立臺灣大學歷史學系博士
- 謝宗林　美國聖路易華盛頓大學經濟研究所博士候選人
- 簡成熙　國立高雄師範大學教育研究所博士
- 顏厥安　德國慕尼黑大學法學博士

經典名著文庫122

效益主義
Utilitarianism

約翰·斯圖爾特·彌爾 著
（John Stuart Mill）

李華夏 譯

經 典 永 恆 · 名 著 常 在

五十週年的獻禮·「經典名著文庫」出版緣起

總策劃　楊榮川

閱讀好書就像與過去幾世紀的諸多傑出人物交談一樣——笛卡兒

　　五南，五十年了。半個世紀，人生旅程的一大半，我們走過來了。不敢說有多大成就，至少沒有凋零。

　　五南忝為學術出版的一員，在大專教材、學術專著、知識讀本已出版逾七千種之後，面對著當今圖書界媚俗的追逐、淺碟化的內容以及碎片化的資訊圖景當中，我們思索著：邁向百年的未來歷程裡，我們能為知識界、文化學術界作些什麼？在速食文化的生態下，有什麼值得讓人雋永品味的？

　　歷代經典·當今名著，經過時間的洗禮，千錘百鍊，流傳至今，光芒耀人；不僅使我們能領悟前人的智慧，同時也增深我們思考的深度與視野。十九世紀唯意志論開創者叔本華，在其「論閱讀和書籍」文中指出：「對任何時代所謂的暢銷書要持謹慎的態度。」他覺得讀書應該精挑細選，把時間用來閱讀那些「古今中外的偉大人物的著作」，閱讀那些「站在人類之巔的著作及享受不朽聲譽的人們的作品」。閱讀就要「讀原著」，是他的體悟。他甚至認為，閱讀經典原著，勝過於親炙教誨。他說：

「一個人的著作是這個人的思想菁華。所以，儘管一個人具有偉大的思想能力，但閱讀這個人的著作總會比與這個人的交往獲得更多的內容。就最重要的方面而言，閱讀這些著作的確可以取代，甚至遠遠超過與這個人的近身交往。」

為什麼？原因正在於這些著作正是他思想的完整呈現，是他所有的思考、研究和學習的結果；而與這個人的交往卻是片斷的、支離的、隨機的。何況，想與之交談，如今時空，只能徒呼負負，空留神往而已。

三十歲就當芝加哥大學校長、四十六歲榮任名譽校長的赫欽斯（Robert M. Hutchins, 1899-1977），是力倡人文教育的大師。「教育要教真理」，是其名言，強調「經典就是人文教育最佳的方式」。他認為：

「西方學術思想傳遞下來的永恆學識，即那些不因時代變遷而有所減損其價值的古代經典及現代名著，乃是真正的文化菁華所在。」

這些經典在一定程度上代表西方文明發展的軌跡，故而他為大學擬訂了從柏拉圖的「理想國」，以至愛因斯坦的「相對論」，構成著名的「大學百本經典名著課程」。成為大學通識教育課程的典範。

歷代經典・當今名著，超越了時空，價值永恆。五南跟業

界一樣，過去已偶有引進，但都未系統化的完整舖陳。我們決心投入巨資，有計劃的系統梳選，成立「經典名著文庫」，希望收入古今中外思想性的、充滿睿智與獨見的經典、名著，包括：

- 歷經千百年的時間洗禮，依然耀明的著作。遠溯二千三百年前，亞里斯多德的《尼克瑪克倫理學》、柏拉圖的《理想國》，還有奧古斯丁的《懺悔錄》。

- 聲震寰宇、澤流遐裔的著作。西方哲學不用說，東方哲學中，我國的孔孟、老莊哲學，古印度毗耶娑（Vyāsa）的《薄伽梵歌》、日本鈴木大拙的《禪與心理分析》，都不缺漏。

- 成就一家之言，獨領風騷之名著。諸如伽森狄（Pierre Gassendi）與笛卡兒論戰的《對笛卡兒『沉思』的詰難》、達爾文（Darwin）的《物種起源》、米塞斯（Mises）的《人的行為》，以至當今印度獲得諾貝爾經濟學獎阿馬蒂亞・森（Amartya Sen）的《貧困與饑荒》，及法國當代的哲學家及漢學家朱利安（François Jullien）的《功效論》。

梳選的書目已超過七百種，初期計劃首為三百種。先從思想性的經典開始，漸次及於專業性的論著。「江山代有才人出，各領風騷數百年」，這是一項理想性的、永續性的巨大出版工程。不在意讀者的眾寡，只考慮它的學術價值，力求完整展現先哲思想的軌跡。雖然不符合商業經營模式的考量，但只要能為知識界開啟一片智慧之窗，營造一座百花綻放的世界文

明公園，任君遨遊、取菁吸蜜、嘉惠學子，於願足矣！

最後，要感謝學界的支持與熱心參與。擔任「學術評議」的專家，義務的提供建言；各書「導讀」的撰寫者，不計代價地導引讀者進入堂奧；而著譯者日以繼夜，伏案疾書，更是辛苦，感謝你們。也期待熱心文化傳承的智者參與耕耘，共同經營這座「世界文明公園」。如能得到廣大讀者的共鳴與滋潤，那麼經典永恆，名著常在。就不是夢想了！

二〇一七年八月一日　於

五南圖書出版公司

譯者序兼導讀

　　這是一本影響深遠，又是譽之所在謗亦隨之的倫理學經典，更是「述而不作」的英式代表作；因約翰·斯圖爾特·彌爾（1806-1873）在本書沒有什麼創見，但將前人不同觀念折衷整合成令人信服的功力卻是無人能比。這實得助於著者的養成教育及自我反省，其帶來的意義值得後人深思，茲分段詳述如下：

一、父雖嚴，重啟發，忌填鴨

　　小彌爾的養成教育全是其父親，詹姆斯·彌爾一手規劃。三歲學希臘文，七歲輕易讀懂柏拉圖（Plato）《對話錄》的前六章，八歲學拉丁文，且從此擔任其弟妹們的導師，十二歲涉獵古典哲學教條。他在自傳中不厭其煩細數其閱讀的各種書目，也承認兒時這種一等一的教育，直到成年時才完全掌握深意。因此，他反對填鴨式的教育方式，而推介他父親的方式。先說這位強勢及能幹的父親，讓他從小和同齡小孩缺少互動，更在日常生活事務中沒有自理能力（這不正是現代許多名人不食人間煙火且引以為傲的寫照嗎？），小彌爾在自傳中認真回顧以其中下等之資，在父親身教言教下所學得的，和其他同齡在正規且優質學校所學得的來比較，發現他們將青春洋溢之心智，浪費在鸚鵡學舌般細微末節上，不從事思索原由。他雖「有時」不滿他父親以超乎年齡的標準來要求他，也不得

不同意「一個學生從未被要求做其做不到的事，則絕做不到其所能做的事」。（這和時下唯恐造成小孩心理陰影的教育態度有多大的落差？）我們固不能以學習成果論好壞，但一個人的思想能歷經幾世紀而不衰，與「教不嚴，師之惰」之結果，就有「差之毫釐，謬以千里」之嘆了！

二、喜古史，年雖幼，學董狐

　　小彌爾十一歲曾自發性試著就羅馬政府、羅馬貴族和庶民的鬥爭、貸款利率和農地法，以他自己的意思模擬羅馬歷史，但稍長全數燒毀；卻也培養了在1818年其父《英屬印度史》付梓前，由小彌爾校對之能力；問題來了，若非老彌爾是位通才（即便如此，在數學方面還是不能解答其子的疑惑），從希臘文、拉丁文、韻文體、歷史、邏輯、科學知識、雄辯術、經濟體系等無不親自傳授（因此，還誤了《英屬印度史》的進度）；老彌爾的訓練又很專業，將在演講和辯論中如何注意句子的邏輯性、何時發出驚人之語，都總結出幾條規則（惜未留下這些規則的文字紀錄），小彌爾能有此表現嗎？這種完全獨特的一對一在家教育是否值得現代「另類教學」效法，實不無疑問。父母親夠不夠博學、小孩天資夠不夠及交往圈是否皆鴻儒，在在影響小孩智力的開發和感情的培養，更別說如今社會科學的多元化及翻新率那麼高，踏入社會所面臨的嚴酷挑戰，除非家境足以達到「有閒階級」，又能致力自成一專長（如日本裕仁、明仁天皇在海洋生物學的造詣），否則糊口都有問題，對社會有何貢獻？

三、藉助詩，悟感性，輔理性

小彌爾十四歲去法國一年，他父親臨別前特別點醒他說，與人相比是看誰能做和應做什麼，而非比別人懂多少；且一再告誡小彌爾，其之所以比同齡多出一代的智力，是有一個願付出心血的父親，因此絕不能自負不凡。隨後，小彌爾在法國除領略大自然美景，也補充了其在高等數學上的不足。回英後，因非英國國教教徒，小彌爾無法進入牛津大學或劍橋大學，只能在倫敦的大學學院（University College）旁聽法理學，接著在兩份報紙，《旅遊者》（The Traveller）及《早晨紀事》（The Morning Chronicle）撰稿；並為哲學激進派的喉舌《西敏寺評論》（Westminster Review）寫文章；又擔任邊沁（Bentham）創辦「司法證據的理論基礎」（Rationale of Judicial Evidence）的編輯，且以十七歲之齡進入英東印度公司。他參與在英國歷史學家格魯特（George Grote）家中成立的讀書社，及倫敦辯論社（London Debating Society）的辯論，他的即興式辯才雖逐漸吸引有振奮成效和具啟發性的人士加入，卻因小彌爾在那種場合被視為早熟、「人工的人類」及智力機器，而澆息他的熱情。小彌爾原信奉蘭鐸（Landor）「少相識，少朋友，不客套」的準則，將其私人情感全獻給大眾，至此小彌爾對其為自己所設下的目的 —— 社會的正義，感到不安；在1826至1827年間經歷「心靈危機」，所幸他從浪漫派詩人沃德沃夫（W. Wordworth）的詩作中體會到，美麗事物可產生對他人的同情及激發歡樂，和情緒文化與社會改革同等的重要（而這正是他父親最不認為有實用價值者），也發現自己不是沒有感情的人。小彌爾受浪漫派哲學家柯

勒律治（Coleridge）、歷史學家卡萊勒（Carlyle）、歌德（Goethe）的影響，將浪漫主義思想和古典哲學折衷起來。小彌爾經過內心和憂鬱孤獨的角力，終於在詩句中找到以寬容面對爭論，修正雄心到可實踐的地步；1829年他不再參加辯論社，但帶著政治哲學不是一個提供制度的模型，而是提供原理供制度可以適應任何環境要求的辯證認知，發表了一系列「時代的精神」（The Spirit of the Age）；又在《泰特雜誌》（Tait's Magazine）和《法學家》（The Jurist）及《每月寶庫》（The Monthly Repository）推展其對人類幸福更具普世觀及厭惡門派之爭的觀點。1835年在莫理士沃夫爵士（Sir Molesworth）創辦的《倫敦評論》（The London Review）任編輯，1836年和《西敏寺評論》合併成《倫敦及西敏寺評論》，除仍任編輯外，還成了所有者。1840年後陸續在《愛登堡評論》（The Edinburgh Review）發表重要文章，旨在給英國激進派注入新精神，1859年被收錄到《考據與討論》（Dissertations and Discussions）。小彌爾也深受英國科學家及數學家牛頓爵士（Sir Issac Newton）的啟發，強調新邏輯不該僅是反對舊邏輯，主張其歸納邏輯是補充而非接替，並將此應用到人文學科——包括歷史、心理學和社會學，顯示小彌爾的浴火重生。

四、得真愛，倡女權，重正義

　　小彌爾自1830年和哈莉耶特·泰勒女士相識至結婚，情感上的滿足自不待言。其妻反對愛情，認為愛情奴役了女性；也反對基督教，因其造成個人解放的障礙，形成社會專

制；這些觀點感染了小彌爾開始關注社會主義，重新思索正義的問題。他在生活和社會的理想受其妻啓發，這也表現在小彌爾的文章上，《論自由》是最爲人熟悉的；但結構上仍是小彌爾本人的。他唯一受其妻啓發的文章是「給予婦女選舉權」（Enfranchisement of Women）。其妻1858年死後，彌爾並未忘情政治，他支持美國南北戰爭的北方，用盡力氣去解釋其眞正問題是解放黑奴。1865年他發表了「檢視威廉・漢彌頓爵士的哲學」（An Examination of Sir William Hamilton's Philosophy）和「奧古斯特・孔德及實證主義」（Auguste Comte and Positivism）；彌爾反對前者這位英國直覺哲學堡壘的主張；彌爾將後者早期實證哲學教條及人道宗教區別對待，推崇實證哲學教條是柏克萊（Berkeley）及休姆（Hume）思想的自然發展，這也讓小彌爾離邊沁愈來愈遠，他認爲宗教只是給人道另一個牧師階級制。同一年小彌爾不從事競選活動，卻被選爲國會議員；任內促使「改革法案」通過，爲了防止貪汙瀆職，強行通過數項有用的修正案、改革愛爾蘭的土地所有權、倡導婦女的代表權、減國債、改革倫敦政府，及廢除《巴黎宣言》──有關在克里米亞（Crimean）戰爭期間海上財產的運費，更鼓吹英國爲了自由可干預外國政治。後因追訴艾爾（Eyre）統治牙買加（Jamaica）期間的殘酷行徑、資助激進政治人物和自由思想家巴爾德羅（Bradlaugh）的競選經費、提出不獲認同的改革，受「溫和自由派」的抵制而不能連任。1867年小彌爾和戴維斯（Emily Davies）及另一位泰勒夫人創辦英國第一個「婦女參政社」，稍後發展成「婦女參政社全國聯盟」（National

Union of Women's Suffrage Societies）；他最後的公開活動
是有關發起「土地所有權改革協會」（Land Tenure Reform
Association）。1869年小彌爾重印其父《人類心智現象的分
析》（*Analysis of the Phenomena of the Human Mind*）加上
說明及解釋性注釋以表孝思。

五、經濟體，經三變，重分配

小彌爾做為政治經濟學家，其關注重點有三變：

1. 1844年發表《關於政治經濟體某些懸而未決問題論文
   集》的五篇文章中，有四篇是在解決困難度高的技術
   性問題：國際商業盈餘的分配、消費對生產的影響、
   生產性和非生產性勞動的定義，及利潤和工資的確實
   關係，都是以李嘉圖（D. Ricardo）為師。

2. 1848年出版《政治經濟體原理》鼓吹創立農民土地所
   有權是愛爾蘭壓力和失序的解方；隨後他認為社會問
   題和政治問題同樣重要。

3. 他將生產和分配的問題分開，他不滿那注定對勞動階
   級被擠壓成悲慘生存，甚至到飢餓的分配。他沒有提
   出社會主義的解決方案，但他受其妻的影響認真考量
   社會的基礎。他拒絕接受原設計保障原始社會和平的
   財產權，作為社會在不同發展階級的必要神聖地位。
   小彌爾在死前數月曾公開演講，稱合作農業及由國家
   攔截土地不勞而獲的增量部分，是歐洲資本與勞動鬥
   爭的妥協方案。

六、言與行，即權宜，仍不義

　　小彌爾在自傳中曾說其父親對他的要求是言多於行，以致他在日常生活和操作上是遠不如其父的；這除了其父親「少也賤，故多能鄙事」外，可看出其父希望他進入「有閒階級」的期許。小彌爾曾爲延長英國東印度公司的特權，而在離開該公司前盡力辯護，不管是爲了五斗米折腰（他承認這份薪資讓他能安於思考及寫作），還是爲了國家的利益，卻忽略英國剝削殖民地的道德正當性；或許他認爲英國的殖民帶來印度某些產業的發展是提昇印度的福祉，至於殖民的原始動機，即使「不義」也就無所謂。正如他在本書的注中，暴君救溺水之人以求更能折磨的例子。讀者在敬佩其辯術犀利之餘，應仔細思辨其思想和儒家「己立立人，己達達人」的境界和其對人種歧視的幽暗。

　　最後，說一下「Utilitarianism」的譯名，早期譯作「功利主義」是讀通其原義，並以中國已有的思想配之；因「明其道不計其功」及「計利當計天下利」，都指行事不能僅考量自身之名和利。只可惜民間視「功利」爲「勢利」，僅顧一己之私而望文生義，易遭誤解，遂取「效益主義」以顯其計算之法，但若用「效益至上主義」或更能表達求人類最大幸福的精髓。「utility」譯作「效用」和「效益」均可，但以「原理」來說，重在需要而有用，而非只算好與壞的利弊，所以採「效用原理」。「expediency」譯作「權宜」，在民間觀念上以「便宜行事」爲主；但若以「春秋大義」而言，是指有條件（即特殊情況下），犧牲一己之私，爲眾生除害或謀福利，而從事平常不做的行爲，與「效益主義」所標榜的相符，是

「可以適道，未可與立；可與立，未可以權」的「權」，也是
「微管仲，吾其披髮左衽矣。」的道德標準；用「宜」而不用
「謀」，是「正其宜（誼）不謀其利」的「宜」，「宜」者，
「義」也，亦符小彌爾的思路。

李華夏

完稿於二〇二〇年

五月廿日，小彌爾誕生之日

目　錄

第一章

緒　言

　　構成人類知識現狀的過程中，很少像界定「對」與「錯」的爭論那樣無甚進展，換句話說，對至關重要課題的思索仍原地踏步到，處於明顯的倒退狀態；或不如預期，莫此爲甚。哲學從萌芽起，有關「至善」（summum bonum），或同一回事，道德的根基這個問題，一直是推理思維的主要挑戰；困擾著天縱英才的知識分子，也令他們分門別派，從此不停進行唇槍舌戰。兩千多年過去了，同樣的論爭還在繼續，哲學家依然旗幟鮮明，各有立場，不管是思想家或芸芸眾生，對此問題難有一致看法的程度，比起年輕的蘇格拉底（Socrates）就教於老邁的普羅塔哥拉斯（Protagoras）時，以效益主義的理論回擊當時在詭辯學者（Sophist）間風行的道德主張那種情況，毫不遜色（如果柏拉圖的《對話錄》是以實際對話寫就的話）。

　　所有學科在思索有關第一原理時，確實存在類似的混淆和不確定性，甚至在某種學科也出現類似的針鋒相對；即使被認爲是所有學科中最確實的數學領域也避免不了；但，這些現象並無損於，且通常完全無損於，這些學科結論上的可信度。此一表面上的失序，合理的解釋是，一門學科的詳細教條通常不是從其所謂第一原理推演出來，也不靠其第一原理做爲支持的證明。要不然，沒有哪門學科比代數學更不確定、更不足推出結論；代數學的確定性沒有一樣來自平常教給學習者的東西做爲其要素，因爲這些要素是由某些代數學的名師級所制定的，就像英國法律一樣充滿幻夢，也像神學那樣充滿奧祕（神蹟）。那些被一門學科最終接受爲第一

原理的眞理，實際上是，就與該學科密切相關的基礎概念進行形上學分析（metaphisical analysis）後，所得出的最終結果；這些第一原理和學科的關係不是地基和大廈的關係，而是根和樹的關係，發揮著同樣的功能，雖從未被挖掘出，也從未曝光。但縱使在科學領域，特別眞理先於普遍理論，相反的情況則出現在特殊人文學科，如道德或法律領域。所有行動皆有其某種目的，則行動的規範必須體現出，其所從屬的目的之完全特質和色彩，似乎理所當然。當我們追求某件事物時，最先需要的似乎是，就我們正要追求之事物有一清楚和正確的概念，而不是最後才去期待。由此，或可這樣想，「對」和「錯」的檢測，必須是確定什麼是「對」或「錯」的手段，不是已確定的結果。

採用天然官能（faculty），一種感覺或本能，這種流行理論來評斷「對」和「錯」，其困難並未能避免。因爲，撇開道德本能的存在本身，就是頗有爭議的課題，那些相信這個理論的人常以哲學傲人，早就放棄如下的概念，在可以掌控的特殊案件，其辨別何者爲「對」或「錯」一如我們其他感覺辨別當下所見或所聽。我們道德的（感官）官能，根據所有那些稱得上思想家對其的詮釋，僅提供我們道德判斷的普遍原理；它是我們理性的分支，不是我們感官官能；必須藉助道德抽象教條，不是具體道德的感知。道德直覺派和倫理學另一派，道德歸因派，差了不多，皆堅持普遍法則的必要性。這兩派都同意一項個人行動的道德性，不是直接感知的問題，而是一種法則應用在個人案例的問題。他們也在

很大程度上認可同樣的道德法則；卻在這些法則的證據，和其所由之導出權威的源頭上，有所分歧。一派認爲道德的原理明顯是**先驗性**，除了要瞭解用語的意義外，不需得到任何人的應允。另一派的教條，「對」和「錯」與眞理和虛假一樣，屬於觀察和經驗的問題。但雙方同樣接受道德性必須從原理導出；直覺派一如歸因派，強烈肯定道德科學的存在。可是他們甚少嘗試，列出先驗的原理作爲學科的前提；更不曾將這些不同的原理化約成一個第一原理，或責任的共同基礎。他們或是推斷道德的日常訓誡爲先驗的權威，或是鋪設成爲這些準則的共同基礎，但這類通則和準則本身從未被廣泛的接受，以致沒有明顯的權威性。如要支持他們的主張，必須或是在所有道德（德性）的根基上有某種基本原理或法則，或是當有許多原理時，理應有一個確定的優先援用次序；且這個原理，或不同原理間有所衝突時，產生決定作用的規範，必須是不證自明的。

這項缺失在實踐中所帶來的壞影響可曾減輕、或由於對一終極標準欠缺任何清楚的認知，所導致人類道德信仰的墮落、或不堅定，到何種程度？這些探討實隱含對過去和現在倫理教條，進行一個徹底的梳理和批評。可是很容易指出的是，這些道德信仰所呈現的穩定性或一致性，主要是受到不被認可的標準之潛在影響。縱使不存在一個眾所認知的第一原理，讓倫理學不能成爲人類實際情操神聖化的指引，然而，做爲人類的情操，關愛和排斥兩者皆有，是深受那些事物對其幸福帶來後果的影響，即效用原理，或邊沁

（Bentham）晚年稱之爲「最大幸福原理」，一直在形塑道德教條上，占有很大份額，即使那些最輕蔑拒絕這些教條的權威之人士也不得不承認。任何思想流派，無論其多不願承認此一原理作爲道德（德性）的基本原理，及道德責任的根源，也不拒絕認可行動對幸福的影響是最具實質性，甚至是許多道德細節最優先的考量。我或許還可更進一步說，效益主義的論點，對所有好於爭辯的先驗派道德學者來說，是不可或缺的。批評這些思想家不是我現在的目的；但爲了闡明起見，我非得引用他們最傑出的系統性文章之一，由康德執筆的《倫理學的形上學》（*the Metaphysics of Ethics*）。康德這位引人注目的人，他的思想體系將在哲學理論史上持續成爲一座里程碑，在所提的這篇文章中，構建了一個普世第一原理，做爲道德責任的起源和基礎，這就是：照能令所有理性人類都願遵循的法則，做爲你行事的規範。可是當他從這一訓誡出發推導任何道德（德性）的實際責任時，他未能顯示（這近乎荒唐），在所有理性人類採用最荒謬絕倫的不道德行爲規範時，是否有任何的矛盾，是否有任何邏輯上（先別說實踐上）的不可能。康德僅顯示他們採用這普世原理的結果，將是沒有人願選擇承擔。

　　我此刻不再討論其他的理論，將試圖就效益主義，或幸福理論的理解和評價做些貢獻，且如有餘地就予以證明。很顯然，在這個術語的一般和常用的意涵中，不可能證明。終極目的這問題是沒有直接證明的餘地。凡能被證明是「善」的事物，必須被顯出，其做爲一種手段能達到某種毋須證明

即是「善」的事物。醫療技術透過其能有益於健康而被證明是「善」，但如何有可能去證明健康是「善」呢？音樂的技藝是「善」，其中一個理由是它帶來愉悅；但有可能提供證明說愉悅是「善」？如此一來，設若主張有一涵蓋極廣的信條，包括一切本身即「善」的事物，和其他凡不做為目的而是做為手段屬「善」的事物；這項信條，可能被接納或被拒絕，但不是經由證明來共同理解的主題。然而，我們不能引申說其接受或拒絕，必須仰賴盲目的衝動，或隨意決定。「證明」這個詞彙有一更廣的意涵，這個問題和哲學上任何有爭議的問題一樣，是有其施展的空間的。這個主題是屬於理性官能的認知範圍；也不是僅靠直覺方式的官能就能處理的。考量過後能在知性上決定對此教條的接受或保留；這就相等於證明。

我們將檢驗這些考量是什麼性質，他們是以何種方式應用到個案，和由此接受或拒絕效益主義信條的理性基礎為何。但理性接受和拒絕的一個先決條件，是這項信條該被正確的理解。我相信一般對其意涵所形成的非常不完善說法，是造成其接受的主要障礙；也相信，如能澄清這些明顯的誤解，問題就大大的簡化，很大部分的困難就會移除。因此，我在進入能賦予認同效益主義標準的哲學基礎之前，我將就教條本身提供某些說明，更清楚的表達其是什麼、區別其不是什麼的觀點，和處理那些不管是源自錯誤詮釋其意涵，或與之密切相關的實質反對論點。經過如此的鋪墊，我之後將致力於以一個哲學理論來考量這個問題。

第二章

何謂效益主義

　　對外行的錯誤認知說，那些支持效用做為「對」和「錯」的測試之人，使用了這個詞彙最狹窄及僅是口語化的意涵，讓「效用」（utility）和「愉悅」（pleasures）對立，只需隨便一句話就全部解決。之所以申辯，是由於效益主義的哲學反對者，竟然有著如此荒謬的誤解，甚至將兩者瞬間混淆；還有與此更不可思議的，相反指控效用一切歸諸愉悅，這也是另一類公然反對效益主義最粗鄙的形式；而正如一位卓越的作者曾直陳，有這麼一種人，且常是同一群人，抨擊這理論「當效用此詞先於愉悅這詞時，顯得不切實際的枯燥；當愉悅此詞先於效用這詞時又顯得過於實際的肉欲」，那些對效用這課題有所涉獵的人，都注意到每一位倡導效用理論的作者，從伊比鳩魯（Epicurus）到邊沁都表示效用不是用來和愉悅對比的某種事物，而是愉悅本身，一起來免於痛苦；且他們並不把有用的和愜意或裝飾的事物對立，而是一直宣稱在別的事物中有用，即意謂包含這些。可是，芸芸眾生，這可包括不僅是在報紙和期刊上的撰稿人，還有著作等身的作者，都持續的犯下這膚淺的錯誤。儘管對效益主義（utilitarianism）只知如何發音，其他就一無所知，他們一旦遇上效益主義這個詞就用其表達排斥，或忽視以效益形式體現的愉悅；有關美、裝飾，或娛樂所帶來的愉悅。這個術語還不僅如此外行的誤用在貶損義上，偶爾也誤用在恭維義上；藉以隱含其優於輕率且純是一時之愉悅。正是這種扭曲的用法，使這個詞成廣為人知的唯一用法，也由此讓新生代得到對其意義的片面想法。那些引用此詞彙，卻

多年來久不以其作爲特殊名稱來使用的人，或許覺得有將之恢復原義的需要，若能如此，他們有望爲拯救其出於此種徹底退化中貢獻心力。①

效用，或最大幸福原理，堅持行動當其趨於提昇幸福者是「對」，當其趨於帶來幸福反面者是「錯」這一綱領做爲道德基礎。幸福圖的是愉悅和不再痛苦；不幸意指痛苦和欠缺愉悅。要給這理論所建立的道德標準，提供一個清晰觀點得交待更多些；尤其是有關痛苦和愉悅的觀念，包含什麼事物和到什麼程度，可都值得商權。但這些補充說明並不影響道德（德性）理論所依據的生活理論——即愉悅和免受痛苦，是唯一值得嚮往做爲目的之事物；且一切值得嚮往的事物（這在效益主義一如在任何其他體系中那樣不計其數）都是可欲的，無論是出於該事物固有的愉悅，或可做爲手段以提昇愉悅和規避痛苦。

現在，這種生活理論在許多人心智上，且在某些最受尊

---

① 本書著者有理由相信自己是將「效益主義」這個詞作此用的第一人。他並沒發明該詞，而是從高爾特（Galt）先生在《教區年鑑》（*Annals of the Parish*）的不起眼表述中擷取過來。經過多年使用它做爲指定名稱，著者和其他人因愈來愈討厭，其成了類似學派區分的象徵，或口號，而棄之不用。但做爲一個單一的觀點而非一組觀點的名稱——以表達效用是當作一個標準，不是任何特別應用的方法——該詞確實填補語言上的缺失，且在很多場合提供一種方便模式，避免煩人的冗長贅述。

敬的人情緒（feeling）上和意圖上，引起根深蒂固的厭惡。
（在他們看來）提倡生活目的最高莫過於愉悅——之外再沒
渴望和追求更良好和崇高的目標（對象）——他們稱之為徹
底的卑賤和耽於享樂；且唯有豬才配要的教條，早在遠久之
前，伊比鳩魯的追隨者已被如此比擬；現代這項教條的信奉
者偶爾也被其德國、法國和英國敵論者列入同等禮貌比較的
主體。

當遭受如此的抨擊，伊比鳩魯學派經常回應說，不是他
們，而正是指責者體現了人類天性中可恥的一面；因為這類
非難，設想人類除能享受豬所能享受的愉悅外，別無其他愉
悅。設使這種設想屬實，這項指控不能被反駁，且不再是一
種責任的歸屬；因為如果愉悅的來源對人和豬都是一樣，則
生活的規範（rule）對一方屬「善」也對另一方屬「善」。
將伊比鳩魯學派的生活和牲畜的生活相比總覺得可恥，完全
因為牲畜的愉悅並不滿足人類對幸福的概念。人類的官能比
野獸的欲求更為高尚，且一旦意識到官能後，任何事物是不
能滿足這些官能就不會被視為幸福。確實，我不認為，伊比
鳩魯學派從效益主義原理所規劃的體系架構，已毫無瑕疵。
要想充分達到這種意義的地步，許多斯多噶學派（Stoic）
和基督教的元素必須包括進來。但，沒有一種已知伊比鳩魯
學派的生活理論不賦予由知性、情緒和想像，以及道德情操
所帶來的愉悅，比純粹感官的愉悅更高的愉悅價值。當然，
必須承認效益主義的倡言者，總是將心靈的愉悅之優於肉體
的愉悅，主要強調其更具持久性、安全性、花費少等等，即

是說，著重在前者的環境優勢而不是其內在本性。效益主義奉行者全都以身作則，印證他們的論點，但他們或可採另一種完全一致，且可稱之為更高境界的走向。承認某些類別的愉悅，比其他類別更值得嚮往，和更有價值這項事實，與效用原理完全相容。當在衡量其他別的事物時，質量得和數量一起考慮，而衡量愉悅卻理應只以數量為準，是很荒謬的。

如果我被問到，愉悅上，質的差異其意為何，或什麼會讓某種愉悅，除去量上的優勢，純以愉悅而論，比他種愉悅更具價值，這只有一個可能答案。就兩種愉悅，若所有或大多數曾體驗過兩者的人，都對一種給以確定的偏好，且無關乎任何道德義務的情緒選擇它，這就是更被嚮往的愉悅。假如兩種愉悅的其中一種，被充分熟悉兩者的人置為首選，遠超過另一種，即使知道要得到它會引來諸多不滿，且用其天性中能享受的他種愉悅任何數量來交換，都不放棄，我們有理由將這項被愛好的享受歸類為「質」上優勢，遠超過對「量」的考慮以致「量」在相比之下，微不足道。

現在一個毫無懸念的事實是，那些同樣熟悉且同樣能評價和享受兩種愉悅的人，確實對能發揮其較高官能的生存方式，給出一種最顯著的偏好。幾乎沒有人類會為了能盡情享受牲畜的愉悅，而願意轉成任何一種低等動物；精明的人不會願意變成傻瓜；受過教育的人不會想做不學無術的人；具情感和良心的人不會成為自私和卑鄙，即使他們都相信傻瓜、笨蛋、惡棍安於其處境，高過他們對自己處境的滿意度。為了最大完全滿足所有與別人同樣的渴望，他們不會

放棄其所擁有比別人多的事物。如果他們恣意放棄，唯有是處於極度不幸的狀態，他願以其配額，交換任何在他眼中幾乎從不是可欲的事物，來脫離困境。具有較高官能的人比起較弱的人，要求更多才會快樂，也可能易於受到更劇烈的創傷，並且在許多方面更能感受到傷害；儘管有這些缺點，他絕不希望淪落到他覺得屬於低層次的生存。這類不甘願，我們可隨心所欲的給予解釋，我們或可歸之於自傲，一個對人類所具有最高貴到最卑賤情緒都無差別適用的名稱：我們或可將其歸因在熱愛自由和個人獨立，斯多噶學派就藉助這兩項，爲讓這類不甘願深植於心的最有效方法之一；也可歸因在愛權、或受刺激，此兩者還眞是融進和形成這類不甘願；但其最恰當的稱號是尊嚴感，所有人類都以各自方式擁有，雖不見得完全，卻在某種程度上是和他們較高官能呈正比，且大凡尊嚴感強的人，這可是其幸福的關鍵組成部分，以致任何和尊嚴感相左的事物，都不是他們渴望的標的，除非相左是瞬間即逝。

那些倡言這種偏好（尊嚴感）是以犧牲幸福換來的人——也就是認爲高等實有，在相同情況下，對任何事都比低等實有來得不快樂——是混淆了兩個完全不同的觀念，幸福的和滿足的觀念。無可置疑的，那些享受容量小的實有得到充分滿足的機會是較大的；而一位秉賦較高的實有常覺得其所追求的任何幸福，一如這個世界的構成那樣的不完善。但如果這些不完善是可以忍受的，他能學著忍受這些不完善；且也不會去嫉妒那些毫無感覺到這些不完善存在的人，

只是因為後者全然感覺不到這些不完善對「善」的限制。做一個不滿足的人類比做一頭滿足的豬要好；做一個不滿足的蘇格拉底（Socrates）比做一個滿足的笨人要好。如果笨人或豬對此有另一種意見，那是因為他們只知道問題的己方立場。對照的另一方知道問題的兩面。

　　或有人反駁說，許多能享受高等愉悅的人，在禁不起誘惑下，偶爾也退而求低等愉悅，但這和我們對高等愉悅內在優越性的完全讚賞相一致。當人的性格尚不穩定時，常選擇眼前的好處，雖然他們知道這些好處較沒價值；而這在就兩種肉體愉悅間進行選擇，及就肉體和心靈間做取捨的情況也是一樣的。他們放縱情欲致有害健康，雖然完全清楚健康是較「善」的。

　　或有人再反駁說，許多人開始對一切高尚的事物投以青年的狂熱，當隨著年歲漸長，則淪於怠惰和自私自利。我不相信那些做出這種非常普通轉變的人，是自願在偏好上選擇較低層次的愉悅，甚過較高層次的愉悅。我相信他們在致力獨尊此項愉悅之前，早就無法享受另種愉悅。追求高尚情緒的能力，像在大自然狀態下，一棵非常脆弱的植物很容易被摧毀，不僅是被惡劣因素，而是僅僅缺少滋養物；就大多數年輕人而言，如果他們畢生所投入的職業和他們所處的社會地位，都不利於維持高尚情緒的施展，這種能力會飛快消逝。人在喪失其智力的品味時，就沒有了遠大的抱負，因為他們沒有時間或機會浸淫其中；而他們倘佯在低級愉悅，不是因為他們刻意偏好這些愉悅，而是因為這些愉悅或是他們

唯一可接觸到的，或是他們唯一有能力享受的。或有人質疑
說，是否有人已同樣優遊於這兩類的愉悅，會特意和不動聲
色的偏好較低級的愉悅；雖然許多人，各年齡層都有，都因
企圖混合兩者無效而損害健康。

對於由擁有唯一權限的法官所下的裁決，我理解是不
能再上訴。有關兩種愉悅，或兩種生存模式，在撇開不論其
道德屬性及其所生之後果時，哪一種值得擁有、或哪一模式
對情緒更令人滿意，這個問題由那些在兩者的知識上有資格
的人所下的判斷、或，要是他們有不同的判斷，就取其多數
為準，必須得承認是終審。同時也應毫不猶豫的接受這有關
愉悅「質」的判斷，因為沒有其他判決可供參考，甚至愉悅
「量」的問題也如是。除了那些熟悉這兩者感受的人所下的
普遍表決，還有什麼方法可決定兩種痛苦誰最劇烈，或兩種
愉悅情懷（sensation）誰最強烈？無論痛苦或愉悅都不是同
質的，且痛苦常與愉悅屬於異質。除了那有經驗過的人其意
向和判斷，還有誰決定一種特別的愉悅，是否值得以一種特
別的痛苦來換取呢？因此，當這些意向和判斷宣稱從較高官
能引起的愉悅，在類別上的偏好較優於，與較高官能脫節的
動物天性，且不論程度的問題時，他們對此課題的見地是有
接受的餘地。

我一直強調此點宜做為「效用」或「幸福」完全正確概
念的必要組成，視此為人類行為的指導規範。但這絕不是接
受效益主義標準的不可或缺條件；因為那個標準不是指執行
者本身的最大幸福，而是全部幸福最大的量；而如果或有人

質疑一個高尚品格的人，是否常因其高尚而比別人快樂，則
毋庸置疑的是，這會令別人更快樂，且世界總的來說，由於
高尚品格而受益無窮。因此，效益主義唯有通過普遍培育品
格的高尚性來達到其目的，即使每一位個體僅從別的高尚性
得益，而其本身的高尚性，僅以幸福而論，是完全減損其利
益的。對直斥最後這個觀點為荒謬的言辭，是不值一駁的。

　　依據上面所解釋的「最大幸福原理」，最終的目的是從
質和量兩者的觀點來看，在參酌和為了所有其他嚮往的事物
後（無論是從我們本身或他人的「善」來考量）有一個能盡
可能遠離痛苦，又可盡量享受的存活；至於經由有此經驗機
會的人所表達的偏好，且必然添加了他們自我意識和自我觀
察的習慣，而形成的「質」的測試及評判「質」與「量」的
規範，最好能輔以「比較」方法。如此一來，依據效益主義
的意見，這既是人類行動的目的，必然也是德性的標準；據
此決定人類行為規範和誡律的範疇，藉助遵守這些規範和誡
律到其最大的極限，類似前面所描繪的存活狀態就會和全人
類緊密結合；並且不只是人類，只要事物的本質恰當，整個
有感的生物都可處於上述的存活狀態。

　　然而，就這項教條，引來了另一批反駁者，他們說，
任何形式的幸福，不可能是人類生活和行動的理性目的；因
為：第一，幸福是難以達致的，他們還輕蔑的問「你有何權
利享受快樂？」這個問題，卡萊勒（Carlyle）先生緊接再加
一句，不久之前你甚至有何權利**存有**（*to te*）？其次，他們
說，人的確可以不依幸福行事；所有具高尚情懷的人都有此

感覺，唯有學會「放棄」或自制的告誡，人才能成就高尚；他們肯定這透過徹底學會和服膺的告誡，是所有美德的啓動和必要的條件。

第一個反對意見，如仔細探究是直指問題的根源；因爲如果完全沒有幸福可供人類享有，則取得幸福不能成爲道德（德性）的目的，或任何理性行爲的目的。即使如此，還是有些可對效益主義理論說的事物；因爲效用不只包括幸福的追求，也有不幸的預防和減輕；要是前者的目標是不切實際，後者的目標就大有廣闊的空間和更具急迫需求，只要人類設想至少還要活下去，並且不會如諾瓦利斯（Novalis）所建議在特定情況下，同時採取自殺來避難。然而如此肯定斷言人類生活理該快樂是不可能，這項斷言如果不是逞口舌之快，至少也是誇大其辭。如若幸福意指高度愉悅刺激的連續狀態，很明顯這是不可能達到。高尚的愉悅狀態只會持續一陣子，或在某些情況下，會間歇性的延續數小時或數天，且是享樂的偶然耀眼的閃光，不是享樂持久和穩定的火焰。那些傳授幸福是生活的目的之哲學家，對這點的認識，和那些嘲弄的哲學家一樣充分清楚。他們意指的幸福不是狂喜的一生；而是在由很少且無常的痛苦、許多且多元的愉悅所組成的存活狀態中，主動的擁有，遠超過被動的擁有狂喜的片刻，同時抱持不奢望一生中，多過所能享有的全部爲根本心態。如此組合的生活對那些已有幸獲得的人來說，可永遠算得上「幸福」。如此的存活狀態，即使是現在，對很多人的相當部分人生而言都是種幸運。時下可惡的教育和社會建

置，是幾乎所有人得以享有這種存活狀態的唯一障礙。

　　反對人士或許會懷疑，人類若被教以考量幸福做爲生活的目的，是否會滿足於這種平淡的幸福？但爲數眾多的人類對少於此的幸福都已感到滿足。一個滿意的生活有兩個主要組成分子：安寧和刺激，兩者中任何一項都常足以達到所稱願的目的。當擁有夠多的安寧，許多人發現少許的愉悅就能令他們滿意；當擁有夠多的刺激，許多人可忍受一可觀程度的痛苦。即使是芸芸眾生，能將兩者結合起來也非絕不可能；因爲這兩者遠非如此的不相容，他們可是天生的盟友，其中一項的延伸是爲另一項做鋪陳，和挑起對另一項的期待。只有那些怠惰成癖的人，才會在經過一段時間的休憩後不想渴望刺激；只有那些需要刺激已成病態的人，會覺得刺激過後的安寧是無趣和枯燥乏味，不認爲安寧所帶來的愉悅，是和其之前的刺激程度呈正比。有些外在的運氣還過得去的人，在生活中找不到足夠的享受，讓其生命有意義，一般的原因是只關心自己不管他人。對那些既沒小愛又無大愛的人，生活的刺激也多被限縮；且在任何情況下，生命的意義，隨著時間的推移，當所有自私的利益因死而必定結束，也就消沉；至於那些放棄一己之私，尤其是那些一直以人類集體利益爲念的人，在臨終之際對生命的興趣，依然保持一如年輕和健康時那樣強烈。除了自私，讓生命乏善可陳的另一個主要原因，是心靈開發的欠缺。一個有教養的心智——我指的不是哲學家的心智，而是任何已開啓知識源泉的心智，以及已多少學會發揮其官能的心智——對其周遭的一切

事物都湧出無窮盡的興趣：大自然的事物、藝術的成果、詩歌的想像、歷史的事件、人類古往今來的處世之道和其未來的展望。的確，有人可能對所有這一切都無動於衷，也可能認為不用歷經這些也無所謂；但這只有那些從一開始就對這些事物沒有道德或人性關懷，且對這些事物只感到好奇的人才會這樣。

如是，就事物的本質而言，絕無理由說，一個足以給這些思考對象，提供卓越旨趣的心靈文化底蘊，不應作為一個文明國家每一位在地生員的傳承物。人類也絕非天生就該是一個自私的自負者，對一切都缺乏情緒和關懷，只專注其本身卑賤的個人利害關係。現在，比這更優的，即對人類可能發展成什麼的大量關注，已屬司空見慣。每一位在正當環境中長大的人，都可能具備不同程度的真誠私人情感和對公共良善的誠摯關切。在如此多需要關注、如此多值得享受，還有如此多需要糾正及改善的事物的世界裡，每一位具有這類必要道德和智力適當底蘊的人，是配得上有個或可稱為令人願羨的存活；除非這個人受惡法或受制於他人被奪去了自由，無法在其力所能及處，運用幸福的泉源；如果他能避開生活中實實在在的「惡」，即肉體和心靈受創的最大來源——諸如：貧困、疾病和人情澆薄、不具社會價值，或心愛對象的早逝，他不會找不到這令人願羨的存活。因此，問題的關鍵壓力，落在與這些災難相抗，這很難完全逃脫；以當今事態看來，這些災難不能防患於未然，且經常很難有任何實質程度的減輕。然而其意見值得加以考量的人，不會懷

疑世界上實實在在的「惡」大多可以去除，並且，如果人類繼續改良其行事方式，這些「惡」最終會減至很小範圍以內。貧乏在任何意義上都隱含受創，可藉由社會的智慧，配合個人的良好判斷和未雨綢繆予以完全根除。即使那最難駕馭的敵人——疾病——藉由體能訓練和道德教育，與適當控制其有害的影響，可無限量的減少其危害規模；同時科學的進步許以未來更能直接克服這可惡的敵人。且科學每朝此方向前進一步，就解除其縮短人類壽命之機會，不僅如此，還有更值得我們關切的，擺脫其剝奪我們幸福所倚的生命。至於運勢的起伏和其他與世俗環境相關的不如意，主要是出自粗心、或控制不住的欲望，或不良抑或不完美的社會制度之結果。

簡而言之，人類所有苦楚大源頭，在很大程度上，許多還幾乎全部，可經由人類的關注和努力去克服；雖然去除苦楚是極度漫長的過程——雖然在克服這些苦楚之前，很長的世代都死於疏漏，世事本就如此，如果在過程中不乏意志和知識，或許較易完成——也就是說，在這場奮戰過程中，每一個心智都以足夠智慧和慷慨參與，無論其多麼小和微不足道，都在抗衡中取得高尚的享受，他不會同意捨棄這份享受來接受自私的放縱。

這就引向真正估量反對人士所說，有關學會不為幸福而行事的可能性和責任，這些問題上。不為幸福而行事是可能的，這毋庸置疑；人類廿有十九都曾非志願的做過，即使在我們眼前已遠離未開化狀態的世界裡，也是如此；通常英

雄或殉道者，爲了珍惜遠勝於其本身幸福的事物而必須志願的做。但這些事物除了他人的幸福，或屬達到幸福的某些要求外，還有什麼？能夠完全獻出自己本身那份幸福或獲得幸福的機會是高尚的；但，這種自我犧牲說到底，必定是爲了某種目的；犧牲本身不是犧牲的目的；如果我們被告知，這個目的不是幸福而是遠比幸福好的德性，那我就問，如果英雄或殉道者不相信，此舉會讓其他人免於同樣的犧牲時，還會做此犧牲嗎？如果他放棄自己的幸福，對其同類夥伴毫無助益，反而讓後者的命運像他那樣，且置後者於和已放棄幸福者同樣的境地，還會做嗎？當那些爲了增進世界幸福的分量，能捨棄其個人生活的享受都應受尊敬，但如是爲了任何其他目的，他如此做了，或念茲在茲去做，充其量只配那攀爬其石柱的苦行者所贏得的讚佩。他或可成爲人**能**做什麼的啓示性證明，但確定不是人**該**做什麼的例子。

　　雖說正因爲世界的秩序處於極度不完善狀態，才會有人能徹底犧牲自己的幸福，來更好爲他人的幸福服務，然而只要這個世界仍處在不完善狀態，我完全體會情願作出如此犧牲，是人性中找到的最高德性。我要補充一句，在這種情況下，也許有些弔詭，不爲幸福而行事的意識能力，給世界提供可獲得這種幸福，一個實現的最佳前景。因爲唯有讓人覺得，任命運和運勢如何肆虐，都無法使他屈服這種意識，能提昇一個人不受生活的際遇擺布：一旦有了這種意識，就讓他從過度憂慮有關生活的「惡」中解脫，且使他可以像羅馬帝國最墮落時期許多斯多噶學派的人一樣，在安寧中造就他

力所能及的滿足泉源，毋須考慮這種滿足存續的不確定性，也就是其必然的結果。

與此同時，也讓效益主義奉行者，永不停止呼籲自我奉獻的德性，屬於他們的「善」，就像斯多噶學派或先驗派（Transcendentalist）視其爲他們的權利一樣。效益主義的道德觀的確承認，人類具有犧牲其本身最大之「善」以求他人之「善」的權力。它只是拒絕同意，犧牲本身是一種「善」。一項犧牲不能增加，或不傾向增加幸福的總量，效益主義就視之爲浪費。效益主義唯一讚賞的自我拒絕是對幸福的奉獻，或對成全他人幸福的某些手段作出奉獻；無論是爲集體的人類，或人類集體利益限定下的個人。

我必須重申，效益主義的論敵鮮少公正的，認識到形成效益主義者行爲上，正確標準的幸福，並非執行者自身的幸福，而是與此有關所有人的幸福。身處其自身和他人的幸福之間，效益主義要求執行者，宛如一個沒有利害關係和仁慈的旁觀者般，堅守公正。我們在拿撒勒人耶穌的黃金律中讀到效用倫理的完整精神。「要人如何待你，你就如何待人」和「愛鄰如愛己」構成效益主義道德（德性）的完美理想境界。做爲達到這個理想的最捷手段，效用首先要求，法律和社會在配置上，該將每個人的幸福或（實際上可稱作）利益盡可能和全體利益相協調，其次，教育和輿論該運用其對人類性格的強大影響力，在每個人的心智上，建立其自身幸福和全體福祉穩固的聯想（association）；尤其是按照普世幸福所描繪的行爲模式——積極和消極——之實踐，和其自身

幸福間的聯想；如此一來，他就不會認爲，有顧到自身幸福常帶來違反大眾福祉之行爲的可能性，還會在每一個人行動的慣常動機，都有股提昇大眾福祉的直接衝動，且與此相連的情操（sentiment）在人類確實情感上占據很大和顯著的位置。如果非難效益主義道德（德性）的人有把這項眞正特質放在其自身的心智上，我不曉得，他們還可能有什麼需要補充任何別種道德（德性）所擁有的，到這特質上之建議？還有任何別種倫理體系，可供促進人類天性更美或更高尚的發展，或不藉助效益主義，那這些體系，是依賴何種行動的根源，來達成其教義的成果？

反對效益主義的人，總不能常被指控以貶義來呈現效益主義。相反的，這些人當中，有的對效益主義的無私特質，給予公正的評價，有時責怪其標準，就人性而言有點過高。他們認爲，要求人們一直從提昇社會的大眾利益這動機來行事，確是有些過分。但這可是誤解道德標準的眞正意義，且混淆了行動的規範和行動的動機。倫理是告訴我們什麼是我們的義務，或透過什麼測試，我們可以知道這些義務；卻沒有一個倫理體系要求，我們所有行動都得以義務感作爲唯一的動機；相反的，所有我們的行動百分之九十九都出於別的動機，且如果不受行動的規範譴責，如此做下去是對的。以這種挑剔的誤解，理該成爲反對效益主義的基礎，則對效益主義更不公平，畢竟效益主義道德學家，幾乎比所有其他人，都早認定動機是完全無關乎行動的道德（德性），雖然與執行者的價值品味大有關係。一個人救了行將溺水的

同類，這行為在道德上是對的，無論他的動機出於義務，或
期望因此舉得到回報；一個人背叛了信任自己的朋友，即使
他目的是要替另一位更有義務協助的朋友服務，也仍屬犯
罪。②

---

② 一位反對者，約翰·里維林·戴維斯（J. Llewelyn Davis），其知性和
　道德都值得欽佩，曾就此段反駁說：「確定的說，拯救一個溺水的人
　之『對』與『錯』很大程度取決於其做此的動機。假設一個暴君拯救
　一個跳海以企圖脫離他的敵人，只是想對其施以更激烈的折磨，這樣的
　營救還能有把握說是『一項道德正確的行為』嗎？或再設想倫理探討常
　被提到的一個例子，一個人背叛了他朋友對他的信任，因為忠於這份信
　任，會給他朋友本身或其身邊的人帶來致命傷害，效益主義者還會強迫
　人們視這種背叛，和好像是出於最卑鄙動機那樣的『一項罪行』嗎？」
　我認同，一個人救另一個溺水的人是為了往後將之折磨至死，和那出
　於義務或善心做同樣的事，不僅是動機的不同，行動本身也不同，在
　上面設想的例子，營救人只是為了讓其比溺死還更凶暴的行為而必須
　做的第一步。如果戴維斯先生說：「拯救一個溺水的人之『對』與
　『錯』很大程度取決」──不是於「動機」，而是於「意圖」，效益
　主義者沒有人會和他有不同意見。戴維斯先生在這個例子，犯了常見
　的疏忽是不全然值得原諒的，是混淆了「動機」和「意圖」這兩個完
　全不同的觀念，一直以來，效益主義思想家（和卓越的邊沁）都辛勤
　的在闡釋這一點。行動的道德（德性）完全取決於意圖──即是執行
　者「決意去」做什麼。而動機就是讓執行者決意如此做的情緒，其對
　行動不造成任何差別，在道德（德性）上也就沒有什麼影響：雖然動
　機，在我們道德評價執行者時，有很大的差別，尤其是其顯示出一個
　好的或壞的習慣性傾向──一種可能會做出有益，或有害行動的性格
　傾向，更是如此。

　　但僅就出於義務動機，和絕對遵守原理的行事來談，認為其隱含人們該將他們的心智，專注在相當於世界或整個社會這樣寬廣的普及性，這是對效益主義思維模式的誤解。絕大部分的善行不是爲了世界的利益，而是構成世界福祉的個人利益；最具德性的人在這種情況下，毋須顧及超過特定關心人士以外的事，除非有必要確保在造福這些人士時，他並未侵犯任何其他人合法和正當期望的權利。根據效益主義倫理，厚植幸福是德性的目標：任何人都盡其所能大範圍造福他人，或換言之，當一個公共慈善家的情況畢竟少見（千中有一）；也只有在這種情況下，他是得考慮公共效用；至於所有其他情況，個人效用、少數人的利益或幸福，才是他所要關注的。唯獨那些行動對整個社會都有影響的人士，需習於關心目標的涉及度。就舉禁酒這件事——人們基於道德考量克制不去做，雖然在特殊場合，其做的結果或會有益——精明的執行者若未察覺到這項行爲如果經常進行，會造成普遍傷害就太不值了，這也是有予以克制義務的理由。在此認知下對公共利益的關注程度，不比任何倫理體系要求的高，因爲他們都下令制止一切明顯危害社會的行爲。

　　同樣的考量可用以解決另一種對效用教條（doctrine）的指責，它出於對道德（德性）標準的目的，和對「對」與「錯」詞彙眞正含義更深的誤解。最常被說的是，效益主義使人冷酷和缺乏同情；又說，效益主義冷卻他們對個人的道德情緒；使他們只關注對行動結果進行乏味和嚴格的考量，毫不在乎這些行動所由出的道德質性。如果這些批評指

的是，效益主義信奉者不允許，其對有關一項行動的「對」
與「錯」之判斷，受到其對這位行動者質性的意見之影響；
這是一項抱怨，不是針對效益主義，是對所有任何道德（德
性）的標準；因為，很確定的是，沒有任何已知的倫理標準
決定一項行動是「善」或「惡」，得視乎其是一個好人或一
個壞人來做的，更別說是因一個和藹、一個勇敢或一個仁慈
的人來做，或完全相反質性的人來做。這種考量與對行動的
評估無關，但與對人的評價有關；效益主義理論從來就承認
一個事實，除了人們行動的「對」和「錯」外，人還有其他
值得我們關注的地方。確實，以語言弔詭的誤用作為斯多噶
派體系一部分的信奉者，藉此來奮力追求美德，置一切任何
事物於不顧，愛說誰擁有美德就有了一切；並說擁有美德，
也只有擁有美德的人，是富有、是美麗、是王。但效益主義
教條不用這種描述歸於有美德的人。效益主義奉行者很明白
除了美德以外，尚有其他值得嚮往的財富和質性，且完全願
意，認可實現其全部的價值。他們也注意到一項「對」的行
動不必然顯示好品德，而一項被指責的行動常源自值得稱讚
的質性。當任何具體案例出現這明顯的情況，它就要修正效
益主義信奉者對執行者的評價，一定不是對行為的評價。雖
然我同意他們會說，就長期而言，善良行動是一項善良品德
的最佳證明；和堅決拒絕將有很強傾向會產生惡行的任何心
智，視之為「善」。這讓效益主義不受人歡迎；但任何嚴肅
看待「對」與「錯」之區別的人也是和他們一樣不受歡迎，
這項指責不是一個有良心的效益主義信奉者需要費心反駁

的。

如果反對之意僅在說，許多效益主義信奉者過於只以效益主義標準，來衡量行動的道德（德性），沒足夠重視那使人類顯得可愛或可敬的其他性格之美，這一點或可承認。那些一直培養其道德情緒，不顧及其同情心和藝術領悟的效益主義信奉者，確實犯了這項錯誤；而所有其他道德主義者，在相同條件下都犯同樣的錯。凡可為其他道德主義者開脫的理由，同樣適用於效益主義信奉者，那就是，如若有任何錯，最好是錯在對方。事實上，我們或得承認，效益主義信奉者一如其他體系的擁護者，在運用其標準上，存在著各種想像得到程度的僵化和鬆弛：有些人尤甚於清教徒式的嚴格，而別的人卻盡可能寬容到，為失禮（德）的人或情感主義者所欲的地步。但，整體看來，一項教條在抑制和預防違反道德法則的行為上，將人類擁有的利益置於顯著位置，似乎不遜於其他教條對這種違反道德法則的輿論撻伐。問題是何者確實違反道德法則，是那些游移在認可不同道德標準的人。但對道德問題的意見有所分歧，不是首度由效益主義引進世界的；可效益主義教條對各種事件確實，雖不是經常這麼容易，在判斷這種分歧上，提供了一個明確和可理解的模式。

多指證一些對效益主義倫理常見的誤解或許不見得是多餘，即使這些誤解是如此明確和顯而易見，致許多正直和有知之士是不太可能犯的；因為人們，甚至具有相當資穎的人，常不費心思去瞭解，那些與其偏見相左的意見之內涵，

且一般人都不認爲這種隨意的無知是一項缺點，以致在節操和哲學上素負盛名的人，其精心傑作一直出現，對效益主義倫理教條的最平凡誤解。我們經常聽到效用教條被抨擊成沒有神的教條。如果一定要對這僅是臆設的論點說些什麼，我們就說這個問題端視我們所形塑的「神」的道德特性是什麼觀念。如果其指的是眞正信仰，即「上帝」意欲，祂創造的生靈擁有幸福比任何事情都重要，且這是祂一切創造的目的，則效用不僅不是一種沒有神的教條，而是比任何其他教條更具深刻的宗教性。如果其意指效益主義，不承認「上帝」啓示的旨意爲至高無上的道德法則，我回說，一個相信「上帝」完善全知的效益主義信奉者，一定相信凡是「上帝」認爲在道德課題上適於啓示的，必然符合效用最高程度的要求。而不屬效益主義信奉者的其他人，一直認爲「基督」的天啓旨在，也適於，以靈覺（spirit）啓發人類心靈和心智，好讓人類能爲自身找出什麼是「對」，且一旦尋獲就傾向去做，而不是要告訴人類，除了用一種籠統的方式，這究竟是什麼；所以我們需要一套能一步步執行的倫理教條，來向我們詮釋「上帝」的旨意。無論以上這個論點正確與否，此時沒有加以討論的必要；因爲舉凡輔助宗教的教條，不管是自然的或天啓的，能經得起倫理的探索，對效益主義倫理學家和對任何其他倫理學家一樣都是可以接受的。常人可用此做爲「上帝」的誡律來判斷，任何已知行動過程的有用性或傷害性，就像其他人可用此，做爲和有用性及幸福無關的先驗法則之指標，兩者都有這權利。

　　再者，效用經常被冠上「權宜」（Expediency）致遭簡略汙名爲一種反道德的教條，也藉這個詞彙的廣泛使用而成爲和原理（principle）對立。但「權宜」在其做爲「正直」（Right）對立的意義而言，通常意味，爲了執行者本身的特殊利益權宜行事；像一個部長犧牲其國家的利益以保住其權位。當有比上述稍好的意思，即指爲了某些即時目標、某些臨時的目的而權宜行事，但此舉違反了一項規範，若遵守該規範會獲更高程度的好處。「權宜」在此意義下就不等同於「有用」，而是「有害」的分支。所以爲了渡過某些一時的尷尬，或爲了給我們或別人，取得即時有用的某些目標而說謊，就常做爲權宜之計。因爲將正直眞誠深植在我們敏感的情緒，是令我們行爲有助於最有益之事，而削弱這種情緒是令我們行爲有助於最有害之事；因爲任何偏離眞相，即使不是故意，都大大弱化人類言論的信賴度，這種信賴度不僅是所有目前社會福祉的主要支撐，而一旦信賴度不足，會比任何說得出名稱的事物，更嚴重傷害文明、德性、一切人類幸福大範圍內所仰賴的事物；我們覺得爲了眼前一點好處，而違反如此卓絕合宜的規範，並非權宜行事，還有，一個常人爲了其自身或其他某些個人的一時方便，牽涉利用人們對彼此之間言辭，或多或少的信任，進行危害大眾的「善」，也讓大眾受害，扮演了人類最壞敵人中的那部分。然而即使這項規範如此的神聖，也免不了可能的例外，這是所有道德論者都認可的；這種例外主要是以保留某些事實（例如向罪犯隱瞞消息，或向重病患隱匿壞消息），可使某人（尤其是

自己以外的人）免於巨大且承受不起的「惡」，還有僅能以否認的方式行之。但為求這種例外本身不至濫用超出所需，及給弱化對正直真誠的信賴，帶來盡可能小的影響，這種保留必須得到事先認可，且如有可能，限定好其施用的範圍；要是效用原理可用於任何事物，它必定可用於權衡這些彼此衝突的效用，並劃出一個何種效用該居優的區域。

　　再者，效用的辯護者常要回應類似如下的反對聲浪——人在行動前是沒有時間，去計算和衡量任何一種行為對大眾幸福的影響。這就像有人會說，不可能以「基督教信仰」來指引我們的行為，因為沒有時間在每一種必須採取行動的場合，先讀一遍《舊約》和《新約》。對這項質疑的答案是，時間一直都充裕，那就是人類整個過往的存續。在那段時間，人類藉由經驗一直學習行動的傾向；一切的慎思（prudence）以及一切生活的道德規範都仰賴經驗。人們說得好像經驗這門課迄今一直被延宕結業，且好像在某些人受誘惑去介入他人的財產或生命那一剎那，他必須開始第一次考量謀殺和盜竊，是否傷害人類幸福。即使如此，我不認為他對這問題有很大的困惑；但無論是什麼事情，關鍵現都在他手上。

　　若說如果人類同意以效用做為道德（德性）檢測的考量，而仍對什麼是有用，各持己見，同時不採任何措施，將他們在此課題的意見傳授給年輕人，並不以法律和輿論來執行，這真的是一個古怪的推論。如果我們假設普世的白痴言行，都與倫理標準相合，那要證明任何倫理標準都難以推行

並非難事；但凡是不做此種假設的，人類此時必已取得，某些行動對他們的幸福有所影響，這種積極的信念；這種信念因此沿襲下來，就成爲芸芸眾生的道德規範，也是哲學家在沒找到更好的規範之前所要奉行的。我承認，或確切的說，眞心相信，即使是現在，哲學家們在許多課題上可以輕易做到此點，即廣被接受的倫理信條絕不是神授；還有人類對行動造成大眾幸福的影響仍需多所學習。源自效用原理的各種必然推論，就像每一種實用工藝的誡律一樣，可以無止盡的改進，而處在人類心智進步狀態下，這種改進是會持續進行。

但認爲道德規範可予以改進是一回事；而完全越過中間普遍化的歷程，致力以第一原理，直接測試個人行動是另一回事。承認第一原理，卻與第二原理的認可不一致，是一個奇怪的說法。告訴一個旅客其最終目的地的位置，不是禁止使用路上的指標和方向牌。倡議幸福是道德（德性）的目的和目標，並不意味毋須鋪設通往這一終點的路，或不應勸導走在彼岸的人，選擇此一方向較另一方向爲佳。人們實該停止就此課題說些無聊話，他們在別的實用事物上，是不說也不聽這些無聊話的。沒有人會說航海技術不是以天文學爲基礎，因爲船員不能靠航海曆來計算。身爲理性的生物，船員在出海前已做好天文的計算；而所有理性生物在人生航海途中，是具備對普通「對」與「錯」的問題，還有對許多更爲困難「智」與「愚」的問題，有所判斷的心智。這些，只要深謀遠慮是人類的一項質性，就可推斷會繼續如此運作。

凡是我們採用做爲道德（德性）基本原理的事物，我們得藉助附屬原理來運行；這沒有附屬原理，就不可能推動基本原理的情形，既是所有體系共通的，就任何個別體系而言，也不容置疑；但嚴肅的說成，像沒有這類第二原理，及人類迄今一直無法且必然繼續無法，從人類生活經驗中，總結出任何普遍結論，我認爲這是哲學爭論中未曾達到過的高調和荒誕。

餘下反對效益主義的言論存量，最常提及的，集中在其就人類天性在道德上共同的瑕疵，和有良心自覺的人在形塑其終生的行徑上，遇到的普遍難題，這方面的指責。我們被告知，一個效益主義信奉者慣於將其自身的特殊狀況，做爲道德規範的一個例外，且，當受到誘惑時，會視違反規範比遵守規範，更能得到效用。但效用豈是提供我們行惡藉口，和欺騙我們自我良心方法的唯一綱領（creed）？那些承認著，道德中存在著衝突的考量是事實的所有教條，充斥這些藉口和方法，也被心智清明人士一直相信所有教條莫不如此，這可不是任何綱領的錯，而是人情事物的複雜本質，行爲規範不能要求全無例外來建構，且任何一類行動，很難保證可被一直界定爲義不容辭的，或一直被界定爲應受譴責的。就爲了適應情況的特殊性，倫理綱領無不允許執行者，基於道德責任下有迴旋餘地，而放寬倫理法則的嚴格性；而每一綱領於此例一開，自我欺騙和言之成理的爾虞我詐已在其中。道德體系無不存在引起明顯義務衝突的案例。

倫理學理論和個人行爲，在良心指引下糾結難纏處，才

是真正的難題。這些難題根據個人的知性和美德多多少少在實際上可以克服，但很難假裝說，任何人具有當權利和義務在衝突時，可資借鑑的終極標準，不夠資格處理它們。如果效用是道德義務的終極來源，當這些道德要求不相容時或訴諸效用來進行取捨。雖然標準的運用也許困難，但總比完全沒標準好；而在其他體系，道德法則都強調獨立權威，不許共同的裁判介入，每套法則各自宣稱優於別套法則的理由，比詭辯好不了多少，且除非是透過不被承認的效用考量之影響（一如它們經常所做那樣）來決定，都給個人欲望和偏心有寬廣的施展空間。我們必須記住，唯有在次要原理出現衝突的情況下，才有訴諸第一原理的必要。沒有不牽涉到某些次要原理的道德義務案例；如果只有一項次要原理，很少會真正懷疑這是那一原理，因在這些人心智中已承認了這一原理。

第三章

效用原理的終極拘束

　　當論及任何設定的道德標準時，常被問到的問題，也該被問的，是其拘束力何在？遵從它的動機是什麼？或更具體點，其義務的根源是什麼？它從何處導出其約束力？提供答案給這問題，是道德哲學的必要組成部分；雖然這常是反對效益主義道德（德性）的提法，似乎這特別適用於效益主義，其實這對所有標準都該提問的。事實上，當一個人被要求接受一套標準，或將道德（德性）歸於任何他所不熟悉的基礎時，就會面臨這個問題。因為唯有教育和輿論所尊崇的慣性道德（德性）才會在心智上，呈現有義務遵守的情緒；而當一個人被要求相信這項道德（德性），是從某些習俗未曾賦予光環的普遍原理，所導出的義務時，對他來說可是一種（似非而是的）悖論；設定的各項推論，似乎比原始理論更具約束力；上層建築沒有這作為基礎，似乎比有這基礎更牢固。他對自己說，我覺得我必定不會去搶劫或謀殺、不背叛或不欺騙；但我為何必定要去提昇大眾幸福？如果我本身的幸福在於別處，我為何不將偏好放在那裡呢？

　　如果效益主義哲學所持道德本質的觀點是正確的話，這類困難仍將一直存在，直到形塑道德人格的各種影響和其帶來結果的原理相一致——直到藉著教育的改善，使我們人類同胞一體的情緒（無可否認，「基督」也是想達到此境界）已深植在我們的人格裡，且融入我們的意識中完全像是我們天性的一部分，就像有正當教養的青年對犯罪形成畏懼那樣。同時這類困難並不專屬於效用原理，而是依附在任何將道德（德性）的分析，化約成原理的企圖；除非這項原理已

和其任何的運用都存在於人的心智到神聖不可侵犯，不然似乎常會放棄其部分的神聖性。

效用原理擁有屬於其他任何道德體系的一切約束，或也沒有理由說，它為何不具備這些約束。這些約束或是來自外在的，或是來自內在的。至於外在的約束是毋須多費唇舌。它就是來自我們同胞或「宇宙的主宰」偏愛的期望和不悅的恐懼，加上我們對人類同胞所可能有的同情或情感，或對「主」可能有的愛及敬畏，讓我們趨於不計個人後果，去完成其旨意。很明顯的，所有這些遵從的動機，沒有理由不該附著於效益主義道德（德性），就像附著於其他任何道德（德性）那樣的完全和強而有力。誠然，那些歸之於我們同胞的動機，確定可以附著在效益主義，且和大眾的智能成正比；因為不管是否還有大眾幸福以外的其他道德義務基礎，人類確實嚮往幸福；且無論他們自己執行得多不完善，他們嚮往和讚賞別人能為他們，做些他們認為可促進其幸福的行為。至於宗教上的動機，如果人類相信「上帝」的「善」，一如多數人所宣稱的那樣，那些認為有助於大眾幸福是「善」的本質，或甚至是「善」的唯一準矩的人，必須相信這也是「上帝」所允許的。因此外在的賞與罰，無論是肉身或道德的，也無論是源自「上帝」或我們的人類同胞這整股約束力，連同人類天性容許無私奉獻於兩者的能力，就成為執行效益主義道德（德性）的助力，且和其所認知的道德成正比；助力愈強，教育和普遍教化的應用，就愈朝向這個目標。

　　外在拘束就此打住。義務的內在拘束，無論我們義務標準為何，就是一種也是同樣──指的是我們自身心智的情緒；一種當違反義務時，起自正當修養的道德天性，所感受到或強或弱的痛苦，嚴重時，連擺脫都不可能。這種出自無利害關係的情緒，和純粹義務觀念相結合，與義務的某些具體形式，或與附帶的相應情境無關，正是良心（conscience）的本質；雖然良心實際以複雜的現象存在，一個簡單的事實一般全被並列的聯想所團結，這些聯想衍生自同情、愛，且更多源自恐懼；源自宗教情緒的各種形式；源自童年和我們一切過往的回憶；源自自尊、得到別人尊敬的渴望，偶爾甚至源自自我貶抑。這種極端的混化（complication），依我的理解，是這類神祕人格的源頭，藉由人類心智的傾向（這不乏例子）將之歸類為道德義務的觀念，並令人相信這個觀念只能藉著一個假設的神祕法則，附著於我們現有經驗激起的事物上。惟其內在拘束力存在於一整體情緒中，如要從事違反我們有關「對」的標準，則必須突破這整體情緒，要是我們違反這項標準，大概往後必須要面對後悔（良心的苛責）。無論我們對良心的本質或源頭持什麼理論，這就是其形成的基本內涵。

　　因此，所有道德（德性）的終極拘束（外在動機除外）就是我們自身心智的主觀情緒，在面對效益主義這項特別標準的拘束是什麼時？我看不出那些以效用做為標準的人有何尷尬。我們也許如此回答，就像所有其他道德標準一樣──人類有良心的情緒。毫無疑問，這項訴諸有良心的情緒之拘

束對那些不擁有這種情緒的人，沒有約束效力，而這些人也不會更遵從效益主義以外，任何其他道德原理。任何種類的道德（德性）對他們都無約束力，只能透過外在約束。同時這些以情緒存在於人類天性這一事實，且由此能發揮巨大能量在那些早已根植這些情緒的人身上，都被經驗所證實。至今沒有提出理由說，這些情緒為何不可能植根在效益主義信奉者心智上，像其在任何信奉其他道德規範那樣的緊密結合。

　　我注意到，有一種傾向認為，一個人在道德義務中看到一件先驗性事實，一個屬於「事件本身」（Things in themselves）領域的客觀現實，往往比那相信道德義務純是主觀性，只在人類中有一席之地的人，更遵循道德義務。但不管一個人在「本體論」（Ontology）這一點的看法為何，真正驅使他的力量，是他自身主觀信念，且是以信念的強度來量度力量之大小。相信義務是一客觀現實的信念，不會比相信「上帝」也是如此的信念強，而信仰「上帝」撇開對實際獎懲的期望，只能透過這主觀的宗教信念，且強度是等比的，作用在行為上。拘束力，只要是不涉及利害關係，一直都在心智本身；因此，先驗道德論者的論點必須是，除非拘束力被相信是植根於心智之外，不然不會存在心智之中；且如果一個人能告訴自己，這正在管制我的，和被稱為我的良心的，只是我自身心智中一個信念，他或許就下結論說，信念息則義務息，並且如果他發現該信念不適宜，他或許會忽視它，還會致力消除它。但，這項危險豈是限於效益主義道

德（德性）？相信道德義務在心智之外有一席之地的信念，眞使道德義務強到不能消除？迄今事實不是如此，所有道德論者都承認和惋惜，心智竟普遍安於良心之被消失或抑制。我需要服從我的良心嗎？這個問題是那些從未聽過效用原理的人，最常捫心自問的，信奉效用原理的人也一樣。那些良心信念脆弱到允許提出這個問題的人，如果其答案是肯定的，倒不是因爲他們相信先驗理論，而是出於外在拘束。

就眼前的目的而言，沒有必要對義務感究竟是固有的，或灌輸的，下定論。假設它是固有的，它自然依附在什麼對象是值得商榷的問題；因爲義務固有理論的哲學支持者，現在都同意直覺感知是在道德的原理而非細節。如果在這事件上眞有什麼是固有的，我看不出有任何理由說，這個固有的義務感不該是關注他人苦樂的情緒。要是有任何道德原理直覺上屬於義不容辭，我該說必是關注他人苦樂的情緒。若果眞如此，直覺倫理學和效益主義是相一致的，彼此之間毋須再有爭執。即使有所爭執，直覺道德論者，雖然爲還有別的直覺道德義務，也已同意關注他人苦樂的情緒是其中之一；因爲他們一致主張，道德大部分都以我們人類同胞的利益爲考量。因此，如果相信，道德義務有其先驗源頭的信念，給內在拘束任何額外效力，以我看來，效益主義原理已有此成效。

在另一方面，如果，像我自身所信仰的道德情緒不是固有的，而是習得的，也不會因這個理由就少了自然。對人類而言，說話、推理、建造城市、耕耘土地是自然不過，雖然

這些都是習得的官能。道德情緒就其能以任何可察覺程度呈現在所有人身上，這意義上來說，確實不是我們人性的一部分；然而，很不幸的，這也是那些極力相信道德情緒源自先驗源頭的人所承認的事實。就像前面所提其他習得的官能一樣，道德官能如果不是我們人性的一部分，至少也是從人性自然萌發的成果；也像這些官能那樣能自發性的成長（但程度有限）；且經過培養有高度發展的餘地。很不幸的，藉由外在拘束及早期印象足夠的運用，這種官能也容許朝幾乎任何方向去發展：因此，認為道德情緒不會藉由這些影響的手段，而以良心的權威作用在人類心智上，是如此的荒謬和有害，致沒有任何事情可以比擬。同樣即使效用原理不是基於人性，懷疑同樣的手段對效用原理沒有如此潛力，可是脫離了一切經驗。

但，全是人為創設的道德聯想，在智力文化產生作用下，隨著分析的分解力道而步步退縮；如果義務感與效用的聯想也呈現同等的隨意性時，如果我們人性中沒有主導部門，情操中沒有強有力的一級，能協調此一聯想，讓我們認同這種聯想，促使我們不僅將之推介給他人（此舉我們有太多利害相關的動機），也珍惜自身有此聯想的話；簡言之，如若效益主義道德（德性）沒有一種自然的情操基礎，即使經過教育後天培養，這種聯想很可能被分析解體。

但確實有這樣一種強有力的自然情操的基礎，且一旦大眾幸福被承認為倫理的標準，這種情操基礎將構成效益主義道德（德性）的力量。這個堅定的基礎就是人類社群意識；

一種欲與我們人類同胞結為一體的渴望，早已是人性中一種強而有力的原理，且在不斷進步文明的影響下，即使沒有一再反覆重述，也幸運的愈趨強烈。社會處境對人而言是如此自然、如此必要和如此熟悉，以致他從不認為自己不是此團體的一員，除了在某些異常的情況或自願抽離的掙扎下，另當別論；而隨著人類進一步脫離野蠻孤立的狀態，這種聯想會愈來愈牢固。所以，任何做為社會處境根基的條件，就成為每一個人對其所由生，和人類命運之事態的概念，不可分割的一部分。

如今，人類之間的社會，除了主人和奴隸以外，很明顯不可能，不以照顧所有人的利益為立足點。唯有瞭解所有人的利益都能平等看待，才能有人人平等的社會。且因為在所有文明的狀態下，除了極權君主外，每一個人都平等擁有，也就有義務和某人在此條件下共存；還有，隨著年紀增長也進階到，一種難以其他條件永久和任何人共存的狀態。人們在此環境中長大，就不能想像有完全不顧及他人利益的狀態。他們不得已只好想像，至少禁止自己從事一切粗暴傷害行為，並且（如果為了保護他們本身）生活在持續反對此種傷害的狀態下。他們也習於與他人合作，及提醒自己以集體而非個人利益作為其行動的目標（至少目前如此）。只要他們在合作，他們的目的就和別人的目的相一致；至少暫時覺得別人的利益就是他們自己的利益。不僅僅一切社會聯繫的強化，一切社會的健康成長也一樣，確實讓每一位個人有更強的個人興趣去實際照顧他人的福祉；這個興趣也引導他將

其情緒愈來愈等同於他人的福祉，或至少會在實際考量上，更大程度的關注他人的福祉。他像本能般的自覺做為一個人**理應**照顧別人。別人的福祉對他而言，是一件自然且必須要關注的事，就像我們任何生存物質條件一樣。現在，一個人不管這種情緒的分量有多少，就被興趣和同情心的最強動機所驅使來展現它，也盡其能去激發別人內在的這種情緒；即使他本人沒有一絲這種情緒，他也和任何人一樣極其注意別人理應擁有這種情緒。結果就是，在同情心的蔓延和教育的影響下，這種情緒的最小嫩芽得以存活和滋長，而藉由外在拘束強而有力的執行，就圍繞著它織成一個完整的堅固聯想網。

　　如此看待我們和人類生活的方式，隨著文明的演進，愈來愈讓人覺得自然。政治改革每前進一步，藉由消除利益對立的來源，及弭平那些個人之間、或階級之間法律特權的不均，正因這些不均，很大一部分人的幸福在實際上仍被忽視，就更有助於此種方式的實現。人類心智愈是處於進步狀態，這種影響就持續擴大，使得每一位個人產生與所有其餘的人融為一體的情緒；這種情緒，如能臻於完善，就會使其不再為自己考慮任何有利條件、或渴望其利益不將其他人包括進去。如果我們現在假設這種一體感猶如一門宗教般宣揚開來，加上教育、機構，和輿論全力指引，就像以前宗教所做的那樣，讓每個人藉由信仰和實踐，從嬰兒起都在全方位的接觸中長大，我想凡能清楚理解這個概念的人，還會對幸福道德（德性）終極拘束是否足夠有任何疑慮。對任何理解

在這方面有困難的倫理學學生而言，我推薦孔德先生兩部主要著作中的第二部《實證政治體系》（*Système de Politique Positive*），做爲促進理解的手段。我對該書所闡述的政治和道德體系抱著強烈的反對意見；但我認爲這本書淋漓盡致的展現，即使不藉助「神」的信仰，心理能量和宗教的社會效力兩者刻劃人性的可能性；且使其掌控人類生活，並裝飾一切思想、情緒及行動，這種方式使任何宗教所曾體現的支配力，顯得徒具形式和僅供淺嘗；這種方式的危險不在其支配力不足，而在其過足導致不當干預了人類自由和個體性。

　　這種構成效益主義道德（德性）對其認可者約束力的情緒，不須等待那些令其爲大多數人類覺得有此義務的社會影響力。在我們現在所處的人類進步相對較早狀態下，一個人確實無法體會到同情所有其他人的全面性，若眞如此，他們一生的行爲總體而言，不可能發生任何眞正的不和；但一個社群感已全部開發的人，不能讓其認爲其餘的人類同胞在幸福手段上，是彼此鬥爭的對手，且必須看到他們落敗，以期自己或能得償所願。而今，每一位個人已深具本身乃一個社會分子的概念，讓他覺得其情緒和目標，與其人類同胞的情緒和目標應相調和，是其自然需求之一。如果因意見和精神文化的差異，使其無法分享他人多種情緒——或許還抨擊和輕視這些情緒——他仍要意識到其眞正目標和他們的並不衝突；而且他不是在反對他們眞正的願望，也即是他們自身的「善」，反而，是在促進他們的「善」。大多數人這種情緒是遠遜於其自私的情緒，且常在匱乏狀態。但對擁有這種情

緒的人而言，它具有自然情緒的一切特質。它在他們心智上所呈現的，不似對教育的迷信，或由社會力量專制強加的法律，而是一項屬性，他們少了它就不好過。這種信念就是最大幸福道德（德性）的終極拘束。這是使任何完全開發情緒的心智配合，而不是違反，我曾稱之為外在拘束所形成的外向型動機，去關心其他人；且當這些外在拘束失靈，或往相反方向作用時，這種情緒本身就形成一股強有力的內在約束力，和人品特質的敏感程度及思慮程度呈正比；因為極少數在心智上道德一片空白的人，才會在其人生規劃中完全不顧及別人，只受其私人利益所驅使。

第四章

效用原理能有何種證明

　　前已提及，終極目的的問題沒有證明的餘地，這是就該詞彙一般所接受的意義而言。不能藉由推理以取得證明，對所有第一原理都屬常態，對我們知識的第一前提如是，對我們行為的第一前提亦如是。但就知識的第一前提，屬事實的問題，或可直接訴之於判斷事實的各種官能——即，我們的感覺和我們內在的意識。但就實際目的的問題，也可如此訴諸同樣的官能嗎？或是透過其他何種官能來知道呢？

　　換個說法，就「目的」的問題是，什麼事物為人所嚮往的問題。效益主義的教條是幸福為人所嚮往的，還是唯一做為目的來嚮往的；所有其他事物之所以為人嚮往，僅是被當做達到該「目的」之手段。這教條有什麼必須達到的先決條件——這教條為使其主張值得信奉，需要滿足什麼條件？

　　唯一可用來證明一個物件是可見的，那就是人們實際看見它；唯一證明一種聲音是聽得到，那就是人們聽見它；我們經驗的其他來源都循此予以證明。依同樣的態度，我領會，能產生任何事物是為人所嚮往的唯一證據，就是人們確實嚮往它。如果效益主義教條所提倡的「目的」，在理論上和實踐上，都不被認可為一個目的，就沒有什麼可說服任何人，相信這就是效益主義的「目的」。沒有什麼理由可以說明大眾幸福為何是人所嚮往的，除非每一個人相信這大眾幸福是可獲得的，才會渴望其自身的幸福。幸福是「善」這一論點是事實，我們不僅掌握承認這一點的一切證明，也掌握其可能要求的所有證明：每一個人的幸福對其本人是一種「善」，所以對所有人的加總而言也是「善」。幸福已足

以構成行為目的之一，且由此必然成為道德（德性）標準之一。

但僅憑此點還不足證明幸福本身是唯一的標準。要證明的話，似乎有必要以同樣的規範來顯示，不僅是人們渴望幸福，而是他們從不渴望幸福以外的任何事物。現在，很清楚的，他們確實渴望，在通常用語中，與幸福徹底有別的事物。例如，他們渴望美德和沒有邪惡，一點也不亞於愉悅和沒有痛苦。對美德的渴望不像對幸福的渴望那樣普遍，但的確也是像對幸福的渴望一樣的事實。因此，反對效益主義標準的人認為，他們有權由此推論出，人類行動的目的，除幸福外還有別的，而且幸福不是決定臧否的標準。

但，效益主義教條可曾否認人們渴望美德，或抱持美德不是一件被嚮往的事物？恰恰相反。它不只認為美德是被嚮往的，且是為美德本身不存利害關係的被嚮往。不管效益主義倫理學者，對美德之所以為美德的初始條件有什麼意見；他們或許相信（他們也確實相信）行動和喜好，只有在其促進美德以外的另一個目的，才能稱為美德；這個論點一被認可，且已從這個描述來考量什麼是具有美德，他們不單將美德置於，有助於達到終極目的之事物的首位，且他們承認，對個人而言，是存在一種不依賴任何別的目的，擁有美德本身就夠的可能性，視此為一心理上的現實；並且堅持心智要以這種態度來喜愛美德——視美德本身為一件嚮往的事物，否則心智就不是處於一個正確的狀態、不是處於與「效用」相契的狀態、不是處於最導向大眾幸福的狀態。即使在

個別情況下，這種心智不見得產生，其意欲產生的其他渴望的結果，也正因此而被視為一項美德。這項意見絲毫沒有脫離「幸福」原理。幸福的內涵非常豐富多樣，且其中每一種本身都是被嚮往的，也不僅是以聚合成一加總來考量。效用原理不意味任何已知的愉悅，例如音樂，或任何已知擺脫痛苦，例如健康，都被視為達到一種集體的事物，稱之為幸福的手段，並以此而被需要。它們被需要和被嚮往，在於為了其本身；除了做為手段，它們是目的的一部分。根據效益主義教條，美德不是「目的」自然和原來的部分，但是可以成為「目的」的一部分；在那些不存利害關係而熱愛美德的人身上，美德已是如此的被需要和珍惜，不視其為達到幸福的手段，而是做為他們幸福的一部分。

　　要闡述更清楚點，我們或當記得美德不是唯一一種事物，原只是一項手段，且當其不是作為達到任何事物的手段時，就會（及仍舊）無關重要，但一和做為手段所要達到的事物聯想，本身就成為被需要的事物，還被以最大的熱誠來擁有。舉例來說，我們要對金錢的熱愛說什麼呢？原本渴望金錢，不過是對一堆閃閃發亮的圓塊有渴望。其價值僅在於它能買到事物的價值；金錢是用以滿足對其他事物的渴望之手段，甚於對其本身的渴望。事到如今，對金錢的熱愛，不僅是人類生活最強大的動力之一，而且，金錢在許多場合，是被需要和渴望著；擁有金錢的渴望，常強於使用金錢的渴望。當所有指向金錢以外目的的渴望，藉金錢來完成而逐漸消失時，擁有金錢的渴望還方興未艾。如此來看，或許說金

錢不是爲了一個目的而被需要，而是目的的一部分才是正確。金錢從一個達到幸福的手段，變成個人幸福概念的一個主要內涵。同樣的說法也可用於位居多數的人生偉大目標，例如，權力或名聲上；只是它們每一種都附有一特定的立即愉悅量，至少在外表上是自然固有的；這一愉悅是金錢所沒有的。然而，這種最強的自然吸引力，權力和名聲兩者皆然，仍是獲得我們其他願望的強大助力；由此而產生其與我們一切別種渴望的緊密聯想，遂使人們對權力的、名聲的直接渴望，強烈到常見的那種程度，以致在某些場合，其力道勝於所有別種渴望。這個時候，手段已成爲「目的」的一部分，且比任何想藉其達到的目的更爲重要。曾經做爲獲取幸福的工具而被需要，一變成了因其自身而被需要。可是，因其自身而被需要，就成了做爲幸福的一部分而被需要。人們僅靠擁有它就高興，或認爲會高興；失去了它就不高興。對權力和名聲的渴望，與對幸福的渴望無異，也與對音樂的愛好或渴望健康沒差。它們全歸於幸福，它們是構成渴望幸福的某些元素。幸福不是一個抽象的觀念，而是一個具體的完整事物，上述這些都是其中的一部分。而效益主義標準認可及同意它們確實如此。要是人性中沒有這項底蘊，將原爲無關緊要的事物引向、或聯想至滿足我們初始渴望，以致本身成爲比初始渴望更爲有價值的愉悅來源，不管在持久性上、其所能涵蓋的人類生存空間上，甚至強度上都是如此，人生將會是一件非常缺少幸福來源的苦活。

美德，根據效益主義概念，正是這種描述下的「善」。

人們對美德沒有初始的渴望，或有動機去實踐，僅在於藉著美德引來愉悅，尤其是避開痛苦。但透過如此形成的聯想，美德本身就被感覺成為一種「善」，且被需要的強烈程度就像任何其他的「善」一樣；更由於其和好錢、好權、好名的差別，後三者全都或常讓個人被其所屬的社團成員討厭，沒有比培養不具利害關係的好德，更使個人成為其社團的恩惠。結果就是，效益主義標準在容忍和允許那些其他習得的渴望，控制在其危害大眾幸福，不能超過其促進大眾幸福程度的同時，指示和要求盡可能培養好德的力量，超過所有對大眾幸福有利的事物。

　　以上的考量就得出，除了幸福以外，沒有事物在現實上是被需要的。無論何種事物，除被當做實現某種目的並終極達到幸福的手段外，之所以被需要，是以其為幸福的一部分來被需要的，且直到其能成為如此，才會被需要。那些渴望美德本身的人，或是意識到美德帶給他愉悅，或是意識到少了美德帶給他痛苦，或兩種理由合併，才會渴望美德；事實上苦與樂鮮少分別出現，幾乎常相伴相倚；同一個人因具有某種程度的美德而感覺愉悅，也因不能做到更多美德而感覺痛苦。如果這些美德其中一種多了沒給他帶來愉悅，少了另一種美德也沒給他帶來痛苦，他就不會熱愛或渴望美德，或只是為了其給他自身、或他所關心的人，產生別種利益而渴望美德。

　　到此，我們就有了效用原理能提出什麼證明，這個問題的答案。要是我已陳述的意見，就心理上而言，屬實的

話——如果人性是這樣一種，除了幸福的一部分或一種追求幸福的手段外，別無所欲的性質，我們就沒有其他的證明，也不須其他的證明，這些就是唯一為人所嚮往的事物。假如真是如此，幸福就是人類行為的目的，促進幸福，就是評判所有人類行為的測試；從而必然導出促進幸福必定是道德（德性）的準矩（criterion），因為部分是包括在整體之內。

現在可決定這項意見是否真的如此；人類是否真的，除了對他們是一種愉悅、或少了它是種痛苦的事物之外，就別無所欲；我們顯已觸及事實和經驗的問題，就像所有同類的問題，這取決於證據。這項答案只能藉助富經驗的自我意識及自我觀察後的評語，再輔以別人的觀察評語來決定。我相信，經過不帶偏見的參考這些證據來源，會指出渴望一種事物和發現它帶來喜悅、避免及認為它成為及帶來痛苦，是完全不可分割的現象，或確切的說，是同一現象的兩部分；嚴謹用語是同一心理事實的兩種不同命名模式：認為一個對象是可嚮往的（除非是為了其結果），和認為其使人喜悅是同一件事物；而渴望任何事物除了等比於其使人喜悅的觀念以外，在身體上和形而上都不可能。

這個論點在我看來是如此明顯，以致我預計難有爭議：要有反對意見，也不是指渴望終極可能被引向愉悅和免除痛苦以外任何事務，而是意志和渴望是兩回事；還認為堅信美德的人，或任何其他有明確目標的人，在推動其目標時，從不思及由此會得到愉悅，或期望實現目標會引出愉悅；即使這些愉悅會因其性格的改變，或感受力衰退而大量消退，或

被在追求其目標過程中帶給他的痛苦所超越，仍堅持執行到底。所有這些我都充分同意，也曾在其他場合，像任何人一樣肯定和強調過。「意志」，這種主動現象，是異於被動感受狀態的「渴望」，雖然是源自渴望的一個分支，但會及時脫離母株而生根自樹一格；這種情況一再發生，就形成一個習慣性的目標，以致不再是我們渴望它，而決意去做這件事，我們常只是因為決意去做，而渴望這件事。這只不過是眾所熟悉的事實一個例子，即習慣的力量；且絕非只限於高尚的行動。許多無足輕重的事務，人們原出於某種動機而為之，後出於習慣繼續做。有時候這些行動是在無意識狀態下行之，只有在行動後才有感知：在別的時候，那些行動是有意識的意欲（volition），但已變成習慣性意欲，由習慣力量操作，可能和慎重的偏好背道而馳，這種情形常發生在那些染上惡習或縱欲傷身的人身上。

第三，也是最後一種情況是，有個別例子，意志的習慣性動作，和當時流行的普遍意圖並不衝突，反而是實現它；一如堅信美德的人，及那些處心積慮並專心一致，追求任何既定目標的人之情況那樣。如此理解意志和渴望之間的區別，是一項有根據且極度重要的心理事實；但這項事實僅存在於──意志，像我們人體所有其他構造一樣，是順從習慣的，所以我們會因習慣決意去做我們不再渴望的事物，或只渴望我們決意去做的事物。同樣屬實的是，意志之源完全是由渴望而生；包括在排斥痛苦，和被愉悅吸引的條件下，所形成的影響。讓我們不再考量，那具有堅定意志去做「對」

的事情的人，轉而關注那些行德的意志仍薄弱，屈服於誘惑，且不被完全信賴的人；要透過什麼方法才能增強其行德的意志呢？意志要如何才能具有德性，在其不具足夠力量支撐情況下，可予以灌輸或喚醒？唯有讓此人渴望美德——透過讓其感受到美德帶來的愉悅，或少了美德頓覺痛苦這種方法。這是藉著做對了和愉悅的聯想，或做錯了和痛苦聯想，或將愉悅自然伴隨「對」，或痛苦伴隨「錯」這種觀念引入，與加深，再默化進此人的經驗，才有可能喚起意志具有德性，一旦堅定後，行為就不再考慮是愉悅或痛苦了。意志是渴望的小孩，在脫離其雙親的控制後，只歸習慣的管制。習慣的結果不保意志原本就「善」，假使不是得到習慣的支持，那促成美德的愉悅及痛苦聯想的影響，尚不足以保證行動一直無錯的恆常性，就沒有理由，冀求渴望的目的應獨立於愉悅和痛苦。在情緒上和行為上，習慣是唯一可給予確定性的事物；且因為對人和對己，能夠徹底信賴某人的情緒和行為至關重要，所以意志必須養成，獨立於愉悅和痛苦，做對事的習慣。換句話說，意志的這種狀態是達到「善」的手段，而非原本就「善」；且這和除了其本身是令人愉悅的、或做為得享愉悅、或規避痛苦的手段，沒有別的事務對人類是「善」的教條，毫不矛盾。

倘若這個教條屬實，效用原理就得證。至於是否如此，現在必須留給關心的讀者去考量了。

第五章

論正義和效用的關聯性

　　在所有思辨接受「效用」或「幸福」教條爲「對」與「錯」的準矩之歷史長流中，最強大的障礙之一是來自正義（justice）的觀念。正義這個詞猶如本能般的，迅速和確定勾起強有力的情操，且明顯清晰的知覺，對大多數的思想家來說，這兩者似乎點出事物的一種固有質性；顯示正義一定在「天性」（Nature）中以某種形式存在，與「權宜」的每一種變形有著絕對屬性上的差別，且在觀念上相對立，雖然（一如眾所承認的）從長遠來看，實際上從未分離過。

　　正義情操和我們別的道德情緒一樣，其起源及其約束力之間沒有必然的關聯性，來自「天性」賦予我們的一種情緒，其所有激勵不必然都合理。正義情緒或許是一種特殊的本能，也因此得像我們其他的本能一樣，需要由較高的理性來控制和啓迪。要是我們擁有智力本能，以一種特別方式引導我們下判斷，就像動物本能，以一種特別方式刺激我們採取行動，那不必然前者理該比後者在各自領域內更少犯錯誤；智力本能偶爾會做出錯誤判斷，就像動物本能會採取錯誤行動。雖然，相信我們具有自然的正義情緒是一回事，而認可其做爲一項行爲的終極準矩是另一回事，但這兩種意見，事實上，是有著密切的關聯。人類常傾向於相信任何主觀情緒，是某些客觀現實的一種揭露，而非相反。我們現在的目標是解決正義感所對應的現實，是否需要任何此類特別的揭露；一項行動正義與否，是不是一件本質特殊的事物，有別於行動的其他質性，或僅是這些其他質性的某種組合，以一種特殊的外觀來呈現。爲了探討這個問題，考量正義或

不正義的情緒本身是否像我們對顏色和味道的感覺那樣自成一「類」（sui generis），或是一種引申的情緒，由其他情緒組合而成，實際是很重要的，而更爲根本的是客觀檢視正義的支配力（dictate）與部分「廣義的權宜」（General Expediency）相吻合，這也是人們通常願意允許如此；但，因爲這種主觀心靈正義感，和通常依附於簡單權宜的情緒不同，且除非在後者的極端情況下，正義感在其要求下是更具強制性，以致人們很難發現正義，只是廣義效用的一種特別類型或分支，還認爲正義的超級約束力，需要來自一個完全與效用不同的源頭。

要弄清楚這個問題，就必要去確定正義或不正義有什麼可資區別的特徵：什麼樣的質性，或是否有任何質性可歸屬於一般認定爲不公的所有行爲模式（因爲正義，像許多其他道德屬性，最好藉由其對立面來界定），並藉此，和那些不被認同，卻毋須特別冠上非難之名的行爲模式區分開來。如果在人們習於冠以公正或不公的每樣事物中，某種共同的屬性或屬性的彙整經常出現，我們或許要判斷這項特殊屬性，或屬性的彙整，是否可經由我們感情構成的普遍法則之力，凝聚成具特殊特徵和道德強度的一種情操，或這種情操是否不可解釋的，且需要被視爲「天性」的一項特別底蘊。倘若事情是前者，我們在解答這問題的同時，也已解決主要的問題：若事情是後者，我們將必須尋找其他研究這問題的方式。

要找出各種對象多變的共通屬性，就必須從仔細梳理對

象本身具體狀況開始。所以讓我們連續關注，各項被普遍或廣泛意見列為公正或不公的行動模式和人事的安排。能激發符合這些稱號情操的知名事務，都帶有非常多各種各樣的特徵。我將快速回顧它們，並不深究任何特別的處置細節。

首先，最被認為不公的是，剝奪任何人的人身自由、財產，或其他任何法律上屬於他的事物。此處正是明確套用公正和不公這些用語的一個例子，即，凡尊重任何人法定權利就是公正，凡違反的就是不公，但這項判斷，起於正義和不正義的概念有不同的呈現方式，容許一些例外。例如，被剝奪者或許（如該詞所言）早已**喪失**其被剝奪的權利：我們稍後將回到這個案例。

但還有，第二，他被剝奪的法定權利也許是本不**應屬**於他的權利；換句話說，賦予他這些權利的法律可能是條惡法。當此法果真如此，或當（就我們目的而言是同一回事）此法被認為如此時，對觸犯它的正義或不正義就意見分歧了。有的堅持，沒有一項法律，無論其多惡，應被一位個別公民不遵從；如真要表達反對，只應以努力敦促有資格的當局改變之來表達。這個意見（無疑責難許多人類極傑出的施恩者，且常保護了惡質制度，以對抗唯一在事態發生時，有成功推翻該制度機會的武器）是被支持者以權宜來辯護；主要是立基在，堅持不違反守法的情操，對人類共同利益的重要性。其他人卻持截然相反的意見，認為任何法律，被判定為惡，可以不受譴責的不服從，即使其不被判為不公，而只是不合時宜亦然；而另有他人會將不服從的情況限縮在不公

之法。但也有人說，所有不合時宜的法律都是不公；因為每條法律，都對人類與生俱來的自由，施加某些限制，除非其適於照顧大眾的「善」，不然這些限制就是不義。在這些紛陳多元的意見中，似乎都普遍承認，可能有不公之法，且因此法律不是正義的終極準矩，但也可能給某人帶來利益，或給另一人施惡，這是正義所要譴責的。然而，當一條法律被認為是不公，似乎常常將違反此法，也同樣被視為不公，即是說，此舉觸犯某人的權利，該權利在此狀況下不能說是法定權利，得有不同的名稱，而稱之為道德權利。所以，我們可以說不義的第二種情況，是在於從任何個人取走或保留其擁有**道德權利**（*moral right*）的事物。

第三，每一個人該得到其所**該得**的（不管是「善」或「惡」）普遍被認為屬公正；而每個人得到其不應得的善，或遭受其不應得的惡，則普遍被認為屬不公。這或許是正義的觀念，在普遍心智所呈現的最清楚和最堅持的形式。當涉及到「應得」的想法，問題就來了，什麼事物構成「應得」？按一般說法，一個人如做「對」的事就被認為應得善，如做「錯」的事應得惡；且更直白具體的說，一個人為別人做了，或曾做過，善事值得從此人得到「善」，給別人做了，或曾做過，惡事就應從此人得到「惡」。以善（德）報惡（怨）的訓誡，從未曾被視為滿足正義的情況，而是放棄正義的主張，臣服於其他考量。

第四，**失信**於任何人都是公認的不公；違反約定不管是明示或暗示，或由於我們的行為引起預期落空，至少如果

我們曾經明白（或隨意的）挑起這種期望。正如前已提及的其他正義義務一樣，這項義務不被視為絕對的，而是可被另一方面更強的正義義務所凌駕；或由於相關當事人的行為被認為是在解除我們對其的義務，從而放棄了其原所期望的利益。

第五，對人處世、行事偏頗，在不宜有偏好和優先擇取的事物上，展示出偏愛或優先選定某人勝於他人之舉，普遍同意與正義不符。端正不阿（公平）（impartiality）本身似乎不被視為一種義務；而是做為履行某些義務的手段；因為偏好和優先擇取並非常受批評，實際上在很多情況，它們被譴責是例外，而非慣例。一個人在當權時，對其家庭或友輩的照顧，如果此舉並不違反任何其他義務，比不上陌生人時，很可能遭到譴責多於讚賞；還有，沒有人會認為優先選定某人為朋友、親戚，或伴侶是不公。端正不阿在涉及權利時，當然是必須責無旁貸，但這是涵蓋在賦予每個人權利的更普遍義務裡。舉例來說，一個法庭必須是端正不阿，因為它必會，在不顧及任何其他考量下，將受爭執的對象，判給兩造中有此權利的一方。也有其他情況，端正不阿僅受「應得」的影響，意指像以法官、教訓師，或家長的身分，執行類似賞與罰情形。再有另一種情況，端正不阿僅考量大眾利益；意指像在候選人中選一出任政府公職的情形。簡單的說，端正不阿做為正義的一種義務，或可指為在當前特殊案例中，僅考量那些被認為具影響力的因素；且抗拒任何足以促使做出有別於這些考量所指示的行為之引誘。

「端正不阿」（公平）的觀念是和「平等」（*equality*）的觀念幾近聯盟；平等不管在正義的概念和正義的實踐中都常有其分量，且在許多人的眼裡，平等構成正義的本質。但，正義的想法因人而異，且常與人們對效用的想法之不同合拍，就平等這點上更甚於任何別的情況。每個人都主張平等是正義的指令，除非他遇上認為不平等是權宜之計的情況，那些本身支持擁有極度荒誕不平等權利的人，也主張給予平等保護所有人權利的正義。即使在奴隸制國家，理論上也同意奴隸的權利，正如其現有的情況，必須與其主人的權利同等神聖；及法庭不以平等嚴格的程度來執行，是欠缺正義；與此同時，那些沒賦予奴隸行使任何權利的制度，並不被視為不公，因為這些制度不被視為不合時宜。那些認為效用需有等級之分的人，並不覺得「財富和社會特權該不平等分配」是不公；但那些認為這種不平等屬不合時宜的人，也同樣覺得它不公。凡認為政府是必要的人，對其賦予行政長官權力，而不賦予其他人如此的不平等，看不出有不正義。即使那些持有鼓吹平權教條的人中，都有許多關於正義的問題，就像有關「權宜」的意見那樣的分歧。某些共產主義者認為社會的勞動產出，不依完全平等的原則分配即是不公；其他人認為需求最甚者應獲最多，應按需分配才是公正；而別的人則持工作最勤、或生產最多、或其服務對社會最有價值者，可在產出的分配中，正當的要求較大的份額。這些意見每一種大可以訴諸自然的正義感來代表。

「正義」這個詞迄今未被當作模稜兩可的概念，要在如

此眾多不同用法中，抓住心靈連結將它們結合起來，且依此
基本將道德情操附著在這個詞上，是有點難度。或許，藉助
該詞的歷史，像其語源學所指出的那樣，導出脫困之方。

　　在大多數（如果不是全部）語言中，與英文公正（just）
這個詞相應的語源，明白的指向與法律條文有關的源頭。①

---

① 譯者按，本書另一版本關於這段有更詳盡的說明，茲附譯如下：

在大多數（如果不是全部）語言中，與英文公正這個詞相應的語源都
指向與「實證法」（positive law），或與大多數情況為法的原始形
式，即權威性習俗的源頭有關。拉丁文「公正」是拉丁文「法律條文」
的一種形式。

拉丁文「權」（jus）、希臘文「絕對」（jus）都是同一源頭。希臘
文（Δικαιον, Dikaion）源自希臘文（δικη, dike）主要意指，至少在希
臘的史實年代，一項法律的訴訟。的確，最初該詞只是意指做事的模
式或「態度」（manner），卻很早變成族長司法（或政治），這些公
認的權威強制「指定」的方式。德文「對的」是英文「權利」和英文
「公正的」的來源，與「法律」是同義詞。德文「對的」（recht）確
實在原始意義上並不指法律，而是指物理上的「筆直」；就像「錯」
（wrong）與其拉丁文對應詞，意指扭曲或「彎曲」（tortuous）一
樣。也就由此才有人爭論說「對」原意不是「法」，相反的「法」意
味「對」。但無論怎樣，德文「法」（recht）和法文「法」（droit）
的詞意已限指實證法，雖然許多不為「法」所要求的事物，對道德上
的公正或正直同樣必要，這項事實，代表著道德觀念的原始特性，好
像往反方向引伸一樣。正義的法庭、正義的管理，就是法律的法庭和
管理，法文「公正」是司法管轄的確定用語。我不會掉進杜克（Horne
Tooke）所主張一個字詞，必須一直以其原有意思為意思，這種帶有某

拉丁文「公正」（justum）是拉丁文「法律條文」（jussum）的一種形式，即「已有下令」。希臘文（Δικαιον），直接源自希臘文（δικη），指一項法律的訴訟。德文「對的」（recht）是英文「權利」（right）和英文「公正的」（righteous）的來源，與「法律」是同義詞。正義的法庭、正義的管理，就是法律的法庭和管理。法文「公正」（la justice）是司法管轄的確定用語。我認為，毫無疑問的是在「正義」的想法形成過程中，其法文「主題思想」（idée mère），即原始元素，是和「法律」同調的。此構成在基督教信仰產生之前，希伯來人整個正義觀念，即期望這個民族的法律能囊括所有需要訓誡的主題，且整個民族相信這些法律是來自「上帝」的直接散發。但其他民族，且尤其是希臘人和羅馬人，明白他們的法律初始是由（也將繼續由）人制定的，也不怕承認這些人或許會制定惡法；起於同樣的動機，做同樣的事，如果個人在不受法律制約下為之，是為不公，透過法律或就可以做了。因此，不義的情操不是依附在所有違法的行為，僅依附在其違反那些**應該**存在的法律，包括那些應該存在卻不存在的法律；如果法律被認定與理應成為法律的事物相違，則不義的情緒就依附在法律本身。法律的觀念和其指令的觀念，仍以此方式支配著正義的想法，即使施行中的法律，實際已不被接受做為正義的標準也是如

種真實體現的謬誤。語源學只是稍為佐證這個觀念現在意味著什麼，卻是這個觀念如何開展的最佳明證。

此。

人類確實認為正義的觀念和其義務的觀念，適用於許多既不受法律規範，也不渴望該由法律來規範的事物上。沒有人渴望法律該干預私人生活的所有細節；可是每個人同意一個人日常所有的行為，可能也的確展示其是否公正。但，即使在此狀況，這種違反理應成為法律的事物之觀念，仍以修飾過的形態反覆出現。看到我們認為不公的行動理應受懲，常帶給我們愉悅，也給我們以恰當的情緒，雖然我們不常認為此舉該由法庭來執行才合適。我們因為附帶的麻煩，而放棄這項心理滿足。如果我們有理由，不怕委以行政長官如此無限的權力凌駕個人的話，我們該樂於見到公正行為得以伸張，及不義行為受到壓制，即使在多麼雞毛蒜皮的細節上都能如此。當我們認為一個人出於正義必須去做一件事，用正常的話語來說，是指他應被迫去做一件事。我們看見任何有權力的人去執行義務理該感激。如果我們看到依法執行有所不適的話，我們對此無法可施感到悲痛，我們視無從懲罰不義為一種「惡」，也就透過我們本身強烈的表達，和大眾的聲討，對不義者施壓來努力糾正這種情況，由此可見，法定的約束仍是啟發正義想法的觀念，雖然這種想法，要像其在社會先進狀態那樣完善之前，得經過數次的轉型。

我覺得以上的說明，就某種程度而言，如實交待了正義觀念的起源，和逐步發展的樣貌。但我們必須留意這中間內容仍不足以區分正義義務和一般道德義務。因為實情是，刑罰制裁的觀念做為法律的本質，已不僅摻進不義的構

想，也摻進任何「錯」的構想中。我們不可斷定任何事物為「錯」，除非我們意在隱含一個人因做了該事，應受某種形式的懲罰；如果不是依照法律，就是其人類同胞的意見；如果不是受輿論，則是受其自身良心的責備。這似乎才是區分道德（德性）和純粹權宜的真正轉折點。一個人被正當要求去履行某事，是各種形式的「義務」概念的一部分。「義務」是可向一個人索取的事物，猶如向人索債一樣。除非我們覺得可向某人索取該事物，我們不會稱其為他的義務。出於謹慎，或考量他人的利益，或許影響實際的索取，但當事人本身無權抱怨，是很清楚的。相反的，有些事我們希望人們該做，我們會因其做了而喜歡或稱讚他們，或許因其不做，而不喜歡或輕視他們，但也同意他們不是非做不可；這事就不算道德義務；我們不能怪他們，也就是我們不覺得他們是處罰的適當對象。我們何來這些應該或不應該處罰的觀念或許後續再談；但我覺得這種區分毫無疑問在於「對」與「錯」概念的根本；我們稱任何舉動為「錯」，或改用其他「討厭」或「不贊同」的詞彙來替代，是根據我們認為這個人應（或不應）為此舉動受罰而定；而當我們說如此如此做、或此事是所嚮往的、或值得讚賞的，就是「對」，是根據我們希望看到與此有關的人士被迫（或只是被說服）及勸說去依那種方式做而定。②

---

② 請參考貝恩（Bain）教授兩篇就「心智」有詳盡及深刻探討的論文中第二篇在名為「倫理感情，或道德感」（The Ethical Emotions, or the

　　因此，這就是區分一般道德和「權宜」及「價值性」
（worthiness）所保留領域之具特色性的差別，不是正義及
後者的差別；辨別正義和道德（德性）其他分枝的特徵仍待
尋找。倫理學的作者將義務分成兩種，用了難聽的表達，
「完全責任的義務」與「不完全責任的義務」現已為人所
知；後者是指那些雖然舉動是必須的，履行義務的特殊場合
由我們選擇，一如在慈善或捐贈的例子，我們確實有實踐的
義務，但不是對任何特定的人，也不能在任何指定的時間。
以冷靜的法學家更精準的話語來說，完全責任的義務，是那
些與某些人或某個人所掌握的權利有關聯的義務；不完全責
任的義務是那些不會產生任何權利的道德義務。我覺得這項
區分完全符合正義與其他道德（德性）義務之間所存在的區
別。在我們梳理大眾對正義不同意義中，這個用語似乎普遍
涉及一項個人權利的觀念——個人或眾人這方面有要求正義
的資格，就像法律賦予某人有資格要求一項所有權，或其他
法定權利那樣。無論不義是出於剝奪某人的一項所有物、或
失信於他、或不該如此虧待他、或比沒有更多要求資格的別
人更差，各種情況都隱含兩項假定——一件做「錯」的事，
及某可指認的人被「錯」所傷。不義也可能是待某人比別人
更好；但在這種情況下，「錯」就轉由其競爭者承受，這些
競爭者也是可指認的眾人。

Moral Sense）那令人讚賞的一章，對此論點有強力證據和說明。

　　在我看來，這種情況的特點，——某人的一項權利與道德義務有關——構成正義和慷慨（或慈善）之間特殊的差別。正義隱含了某些事不僅是做了就是「對」，及不做就是「錯」；還有某個別人可以此事向我們要求他道德權利。沒有人對我們的慷慨或慈善擁有道德權利，因為我們道德上不負有，對任何特定個人實施這些美德的義務。由此可發現，就像每一項正確定義那樣，那些看來與定義衝突的例子，恰是最能肯定該定義的例子。

　　因為如果一位道德主義者企圖（像某些人已做的那樣）宣稱人人（雖不是任何指定的個人）通常有權利要求我們所能做到的一切之「善」，一旦如此，由這種論述，他立刻將慷慨和慈善包括在正義的範疇之內。他勢必要說，我們最大的成就，來自我們的人類同胞，因此將他們比擬為一種債；或說沒有比社會造就我們更難以回報，因此將這種情況歸為感恩的一種；上述兩種情況，都被歸為正義的案例。凡是涉及權利，就屬於正義，而非慈善的美德；不管是誰，沒依我們現已定下的正義和一般道德之間的差別來區分，就會發現其完全不能區分它們，只將所有道德（德性）歸入正義。

　　經過了這番努力，來決定進入正義觀念組合，其區別性元素後，我們準備來探討，這個伴隨著觀念的情緒是否憑著天性的專門分派，而依附在觀念上，或是否從觀念本身藉由任何已知的法則而萌生；尤其是，情緒是否源自普遍權宜的考量。

　　我以為情操本身不會來自任何通常（或正確名為）權宜

的觀念；但雖然情操不會，凡是道德就會入列。

我們已看到正義情操兩個基本成分是，想要懲罰一個造成傷害的人，及清楚（或相信）有某些確定的個人、或眾人受到傷害。

現依我之見，此種想要懲罰已傷及某些人的這個人之渴望，是兩種情操的一個自發性產物，兩者都極度自然，且都是（或近似）本能；自我防衛的衝動和同情的情緒。

痛恨和抗拒（或報復）任何已經或企圖傷害我們、或我們同情的人，是很自然。這種情操的起源在此沒必要討論，不論它是本能或智能的結果，我們知道，它是所有動物的共同天性；因為每種動物都試圖傷害，那些已傷及（或它認為快要傷及）它自身或它後代的動物。人類在這一點上，和其他動物的差別在於兩項特點。第一，具有同情，不僅其後代（或像其他某些較高等的動物，會同情對其友善的長輩那樣）更擴及所有人類，甚至一切有感情的生物。第二，擁有較開發的智能，給予其整合所有情操（不管是自我照顧或同情）一個更廣闊的投放。藉由其高級智能，即使沒有更大投放空間的同情心，人類足以理解其本身，和其為一組成分子的人類社會間，是一利益共同體，以致任何會危及社會安全的行為，一般會危及其自身，且喚起其自我防衛的本能（如果這是一種本能的話）。同樣的智能卓越度加上普遍同情人類的能量，使他以依附在其族群、國家或人類的集體觀念，這種態度對任何傷及他們的行動，都會引起他的同情本能，並促使他反抗。

　　正義感其中一個元素是含有渴望懲罰的情操，因此，我以為這是報復（或報仇）的自然情緒，起於知性和同情心，施用到那些會透過社會損傷我們，或令我們和社會一起承受的傷害上。這種情操本身沒有道德成分在裡面；具有道德成分是在正義感，只服膺於社會同情心，以等待和聽從它們的召喚。因為自然的情緒，會讓我們無差別的痛恨任何做了不合我們意的一切事物；但經過社群感的道德化後，它只有在符合普遍的「善」方面啟動：公正的人痛恨對社會的傷害，雖然不會傷到自身；無論多痛苦也不痛恨對自身的傷害，除非那種壓制其傷害，是社會一種共同利益。

　　或說，當我們覺得我們的正義感被侵犯時，我們不會想到整體社會，或任何集體的利益，只是針對個別的案例，這不足反對這項教條。因為我們受苦而痛恨確實很普通不過，雖然不值得稱讚；但一個人的痛恨，在其痛恨之前，考量此舉是否值得譴責，就真正是一種道德情緒，這個人雖不見得明確說出，他是站在社會利益的角度，卻確實覺得他是在肯定一項對他人及自己有利的規範。如果他不作此想──如果他視此舉單是影響到他個人──他不是有意識的公正；他不關心他行動的正義。這點連反效益主義的道德論者都承認。當康德（一如前面所說的）提議「要如此進行，你的行為則可被所有理性人類接受為一項法則」做為道德的基本原理時，他實際承認，執行者在以良心來決定其行動的道德性時，必定在其心智上有了人類集體的利益，或至少不具利害關係的對待個別人的利益。否則他所用的詞句就沒意義，因

為一項極端自私的規範不可能被所有理性的人接納——要接納此事本質上就有不可克服的障礙——甚至維持都不可能。要給康德的原理賦予任何意義，必定是意識到，我們應依能令所有理性的人為其集體利益而接受的規範，來形塑我們的行為。

摘要來說，正義的觀念預設兩件事：行為的規範及認同該規範的情操。第一項必須為所有人類共同信守且旨在為其「善」；另一項（情操）是一種令違反這項規範的人受罰之渴望。此外，還涉及受到這種違規傷害之某些特定人的構想；（用恰當的話語來表達這種情況）就是其權利受到侵犯。依我看來，正義感是一種抗拒（或報復）對某人或其同情的那些人帶來傷害的獸性渴望，透過人類擴大同情心的容量，及人類精明自利的構想，拓展到包括所有人。從後面這些因素，正義感逐引出其道德性；從人類精明自利的構想帶出了正義感的特別深刻印象及自我肯定的能量。

我一直沒將歸於受害者，且被這項傷害侵犯的權利概念，視為觀念和情操結合的一項單獨元素，而是視為另兩種元素的一種呈現方式。這些元素一方面是對某些可指認的個人或眾人之傷害，另一方面是懲罰的要求。我覺得，用我們自身心智做一次測試，就會發現這兩樣事務，涵蓋了我們談及權利的侵犯所有的內容。當我們稱任何事物為某人的權利時，我們意指他向社會，有一保障他擁有該事物的有效要求，不管是藉由法律的力量、或藉助教育和輿論的力量。如果他擁有我們認為是一個充分理由（不論基於什麼原因）使

社會確保他得到某些事物的要求，我們就說他對該事物有權利。如果我們想要證明他沒擁有某件事物的權利，我們覺得一旦同意社會不應採取措施，來保障他擁有該事物，但該讓他靠機會，或其自身的努力得到，就算完成。如此一來，這個人可說擁有在專業競爭中，公平取得某事物的權利；因為社會不應允許任何別人妨礙他，以這種態度努力掙得他能做到的地步。但他沒有年收入三百英鎊的權利，雖然他或許可以賺到這麼多；因為社會沒被要求提供他掙得這筆數目的機會。相反的，如果他擁有一萬英磅年息三厘的存款，他有年收入三百英鎊的權利；因為社會有責任提供他這筆金額的所得。

　　因此我以為擁有權利，就是社會應保障我擁有某些事物。如果反對者繼續追問，為何「應」？我只能答以一般效用這個理由。如果這種表達似不足傳遞責任的力道感，也看不出正義感的特殊能量，這是因為該情操的組合中，不光是只有理性，還帶著獸性元素，對報復的渴求；而這種渴求的強度和其道德的合理性，都源自與正義感相關的極端重要和令人印象深刻效用。這涉及的利益，是每一個人情緒中最具關鍵的利益，即安全的利益，所有塵世間其他好處都是某人所需，卻是別人所不需；且許多好處如有必要可欣然放棄，或由別的事物取代；因為安全，為了我們免於「惡」得靠它，為了所有及每一種「善」的全部價值也靠它，人類無時無刻少了它就做不成事；因為，如果我們可能在下一刻，被當時力量比我們強的人，剝奪任何事物，我們只剩下滿足

於這一刻，就沒什麼對我們是有價值了。於是這個在所有必需品中，次於物質營養最不可或缺的安全，就不能擁有了，除非提供安全的機制，能維持不中斷的積極運轉。所以，我們有要求我們人類同胞加入，建構讓我們得以安全的生存根基之想法，這個想法聚集情緒的強烈程度，遠超過與任何效用的普通案例有關之情緒，以致程度上之差異（像心理學常見的情況）變成性質上的真正差異。和所有其他考量相比，這個要求具有絕對性、明顯的無限性及不可比量性，這些構成了「對」與「錯」的情緒和正常「宜」與「不宜」的情緒之間的區分。涉及安全的各種情緒是如此的強烈，及我們如此看重別人的反應情緒（所有人類都會如此關切），致「應然」（ought）和「該然」（should）演變成「必然」（must），以致被認為是不可或缺的一種道德必需品，正如同物質必需品那樣，且在約束力發揮上常不亞於後者。

如果前面的分析，或某些類似的分析，不是「正義」概念的正確描述；如果「正義」是完全和「效用」無關，且**本身**就是一個標準，這心智透過簡單的內省就能認出；就會難以理解為何這個內在的神諭（oracle）是如此的模稜兩可；及為何這麼多的事物，根據其被觀察的角度，而出現公正或不公？

我們不斷聽到說「效用」是一個不確定的標準，每一個不同的人有不同的詮釋，及唯有靠「正義」不容改變、難以去除，及不會錯的支配，這些支配是不言自明，及不受輿論風向左右才會安全。由此，有人就會認為在「正義」問題上

不存在爭議；並推論我們以此做為我們的規範，其應用在任何已知的例子，都像是數學演算一樣少有疑慮。這種說法，離實情甚遠，以致有關什麼是「正義」，其意見分歧之大和討論之激烈，就如同什麼是對社會有用一樣。不僅是不同國家和不同個人對「正義」概念有不同想法，即使是在同一個人的心智裡，「正義」不是某一種規範、原理或準則，而是許多的規範、原理或準則，這些的訓令常不相一致，且在它們之間選擇時，他是受到某些外在標準，抑或其自身個人偏好的指引。

舉例來說，有些人說，為了「以儆效尤」的目的來懲罰任何人是不公的；並說只有當懲罰是為了受罰者自身的「善」著想才是公正。其他人則持極端相反的意見，覺得為了其自身的「善」，去懲罰已達懂事年齡的人是專制和不義，因為，如果問題的關鍵僅是他們自身的「善」，沒有人有權控制他們自身對「善」的判斷；但他們公平受罰，是防止對別人有「惡」，這就是行使自衛的合法權利。

此外，歐文（Owen）先生繼言，懲罰是全然不公，因為罪犯的性格不是其自己造成的；他的教育及環繞著他的環境令他成為罪犯，他對此是沒有責任的。所有這些論點都非常有道理；且只要這個問題單純就正義來討論，不延續到原理（而這原理是支持正義，也是正義權威的來源），我實在看不出這些理論家如何能被駁倒。因為這三個論點確實立基於公認為真的正義規範上。第一個論點，訴諸眾所認同的不義，即為了他人的利益，未經當事人同意就以其做犧牲品。

第二個論點，依賴眾所認同的自衛正義，及強迫某人符合別人覺得是為他好的意見，這被認可的不正義。歐文派援引的公認原理是，懲罰當事人對其無能為力之事負責是不公的。每一種觀點的支持者都會得意洋洋，只要他不被迫考量其所選擇以外的任何正義準則；但一旦他們各種準則正面對壘時，每個爭論者似乎都為自己辯護各不相讓。其中，沒有人能不踐踏別人所同等信守的看法，來實現本身的正義看法。

這些都是難題，一直都讓人覺得如此；且一直創造許多巧思來繞開這些難題，而不是克服這些難題。有人想出他們所謂「意志的自由」做為這三個觀念中，最後一個的避難所；幻想著他們不能認同，懲罰其意志完全處於可惡狀態的人，除非能推定其是在不受先前環境的影響而陷進那種狀態。為逃脫其他難題，有一頗受歡迎的設想就是虛構一條契約，在某段不詳的時期，社會所有成員承諾遵守法律，且同意在任何違法情況下受罰，於是賦予他們的立法者（不論是為了他們本身的「善」或社會的「善」）懲罰他們的權利，這個權利若非如此，是不可能有的。這一令人高興的想法曾被視為可消除整個難題，並將處罰的啟動合理化，因其符合另一項眾所接受的正義準則，「承諾不生不公」（Volenti non fit injuria）；即是說，對某人在同意會因之受傷害情況下施行的懲罰，不算不公。我毋須多說，即使這種承諾不是一個完全的虛構，這項準則在權威性上，沒有比它所要取代的其他準則高明。相反的，正義原理會以寬鬆及不規則方式，發展成為一種啟發性樣本。這項特殊原理明顯被當作法

庭粗糙處理緊急事件的幫手，法庭有時考慮到眞要細究這些準則，常帶來更大的「惡」，而不得不滿足於非常不確定的假設。但即使法庭也無法一直堅守這準則，因爲他們會基於詐欺，及有時僅僅是錯誤、或誤傳的理由，而擱置自發的承諾。

　　此外，當施加懲罰的正當性被認可，在討論懲罰違法的適當比例，又引來多少彼此相左的正義概念。在這議題的規範上，沒有比「報仇法則」（lex talionis），以眼還眼及以牙還牙，更能強烈表示這既原始又自發的正義情操了。雖然這項猶太和穆罕默德法的原理在歐洲一般已被捨棄做爲實務準則，我懷疑大多數心智中，都有這一祕密憧憬，且當一名罪犯意外受到恰恰同樣類型的報應時，普遍呈現的滿意感，見證了這種接受一報還一報的情操，是如此的自然。對許多人來說，刑罰苦楚的正義考驗是，懲罰應與罪行相稱；意即刑罰應依刑事被告的道德罪愆來精確衡量（不論他們衡量道德罪衍的標準爲何）：這種考量到懲罰的量刑，必須至何種程度才足以產生嚇阻作用，在他們的評估裡完全與正義的問題無關；而有其他人則認爲，將正義考量進去是至關重要；他們堅持對同類生物，至少就人而言，施以刑罰就是不公，不管他犯了什麼罪行，任何量刑超過那足以防止其再犯，及別人模仿的低限，都屬不公。（譯註：罪行是沒有底限，所以用「低限」）

　　從曾經提過的議題中取另一個例子。在一個合作型工業協會中，應給有才華、或有技術的人少許優越報酬是否公

平？持負向觀點的就會說，誰確實盡其所能，理應平等對待，且毋須爲了不是其自身的錯，而在正義上處於劣勢；又說卓越能力，在沒多給世界資源的更大份額下，已占盡比足夠要多的好處，他們引發的羨慕、他們行使的個人影響力，及擁有這些能力帶來內心滿足泉源，並說社會在正義上，爲了這項過分的不平等優勢，負有補償少受眷顧者的責任，而不是惡化這種差距。持反方意見就爭說，社會從更有效率的勞動者獲益更多；又說，其服務是更爲有用，社會欠其更大的回報；再說，這個聯合勞動結果很大份額實際都是其貢獻，且不讓其對此有要求是一種搶劫；還說，如果他只能收到和別人同樣的報酬，他只需生產同樣多，和根據其卓越效率付出較少的時間及精力，才是公平。誰可以在這些相左的正義原理之間下決定？正義在這個案例有兩種說法，而難以調和，且兩造爭論者都選擇對立面；一方視個人該得什麼才是公正，另一方視社會該給什麼才是公正。每一方從其自身觀點來看，都是無可反駁的；且任何基於正義理由在兩者間做出的選擇，必然是完全隨意的。唯獨社會效用能決定偏好。

再者，人們在討論稅賦的分攤時，所參照的正義標準是如此的紛紜，及如此的難以協調。一方意見是，繳給國家的稅該與金錢財富呈數字比例。另一方覺得正義會要求採用他們名爲累進的稅賦；即從那些擁有較多節餘（譯註：備用的財富。）的人取走較高的百分比。在「自然正義」的觀點，可能會採取完全忽視財富的強烈作風，即從每人取走同等絕

對金額（只要能課徵得到）：就像加入一組團膳或一家俱樂部，所有人都付同樣金額來享受同樣特權，不論其是否全都有平等支付能力。因為法律和政府的保護（姑且這麼說）是提供給所有人，也是所有人同等需要的，讓所有人以同樣價格來購買保護沒有不義。一個商人該向所有買同件商品的顧客收取同樣價格，而不是依據他們支付能力收取不同價格，是被認為正義，不是不義。但這項教條當應用在稅賦，卻沒人支持，因為它與人們的人道情緒，及社會合適的知覺強烈抵觸；但其所訴求的正義原理和那些可用來反對它的正義原理，是同樣的正確和具約束力。如此一來，它在其他課稅模式所採用的辯護上，發揮了隱形的影響。人們覺得有必要去爭論說，國家確實給富人的保護多於窮人，做為多向富人徵稅的正當性；雖然這實際上並不正確，因為在法律和政府都缺席的情況下，富人遠比窮人有能力保護他們本身，也確實成功將窮人轉當他們的奴隸。此外，也有其他人出於敬重而順從同樣的正義概念，堅持所有人該付一樣的人頭稅，來保護其人身安全（所有人都具同樣的價值），並付不等樣的稅來保護其財產，因這財產是不平等的。又有人對此回應說：一個人的一切對其來說，都和別人的一切那樣有價值。要想跳出這些困擾，除了效益主義沒有別的良方。

　　然則，公正和「權宜」之間的差別，僅是一種想像的區分？人類常久以為正義遠比政策神聖，唯有正義得到滿足後才會接受政策，是一種錯覺？絕無可能。我們給合正義情操的本質及起源所做的說明，承認真的有區別；且那些聲稱

最不屑於將行動的結果，列為其道德（德性）的一個元素的人中，沒有人比我對區別正義和權宜的重要性這麼關注。在我駁斥那些主張任何不立基在效用，而建立起一個想像的正義標準的理論時，我認同立基在效用的正義是所有道德（德性）的主要部分，也是無可比擬的、最神聖和具約束力的部分，正義是一種有相當層次道德規範的一個名稱，這些規範關注較貼近人類福祉的本質性要素，因此是比任何其他做為生活指引的規範，更具絕對義務性；我們發現做為正義觀念本質的是，歸於個人的一種權利之想法，隱含並驗證這更具約束力的義務。

禁止人類彼此傷害的道德規範（我們絕不能忘記，其中包括不當干預各自的自由），對人類福祉遠比任何準則來得關鍵，其他準則，無論多重要，只指出處理某些人事部分的最佳方式。這些道德規範還有一項特色，它們是決定人類整個社群感的主要元素。遵守這些規範就是維持人類間的和平：如果遵守它們不再是規範，而不遵守它們不是特殊，每個人會視其餘每一個人為敵人，他必須不斷的防範他人。不可忽視的是，這些規範都是人類感動彼此的最強及最直接誘因的訓誡。僅是互相提供明智的指示或勸說，他們可能（或他們認為）沒什麼得益：諄諄相互提醒積極行善，他們是有明顯利益，卻程度上相差甚遠。一個人或許不需別人的恩惠，但他始終需要別人不要讓他受傷。因此，保護每位個人不受別人傷害，不管是直接的，或在其追求自身的「善」之自由，免遭阻撓，這些道德規範立即被他銘記於心，且他有

極大的興趣，以言語及行動去推廣和執行之。他是否適合做為人類伙伴的一員，就透過其遵守這些道德規範來檢測和決定，因為他在他所接觸的人之中，是否被視為討厭鬼，也取決於他是否遵守這些道德規範。這些道德規範也就主要組成正義的各種義務。最令人矚目的不義案例，及那些給人以厭惡感的事情（這可是正義感的特色）就是不當侵害，或不當行使權力凌辱某人的行為；其次就是表現在不當扣留某人應得的某些事物，兩種案例都對當事人造成實質傷害，不管是以直接受害的形式，或出之於當事人失去其物質或社會的某種「善」，而這好處，他是有合理的理由去預料的。

　　與指揮遵守這些主要道德規範同樣強烈的動機，也要求對違反者懲罰；當自衛的衝動、保衛他人的衝動，和復仇的衝動全被喚起針對這些違反者時，報應（或以暴（惡）制暴（惡）），就和正義感緊密聯繫，也普遍被包括在正義觀念裡。以德（善）報德（善）也是正義其中一種要求；雖然其社會效用顯著，雖然它也體現一種天然人類情緒，但乍看之下沒有和傷害或損害有明顯的關聯性，而損傷這存在於公正和不公大多數基本案例的情況，是正義感特別強烈的源頭，但以德報德和損傷的這種關聯性，雖不明顯卻不損其真。某人接受了恩惠卻在對方需要時拒絕回報，讓對方最自然及合理的期望落空，且其至少曾隱隱約約鼓勵對方施恩，否則恩惠不太會降臨，故造成實質傷害。人類的「惡」與「錯」中，讓期望落空的重要位階，顯現在它構成兩種如此高度不道德行為：叛友和背信的主要罪行這一事實上。很少傷害會

比，當他們曾全心仰賴在需要時刻卻靠不住，更令人類難以承受和傷得更深；也很少「錯」勝過僅是扣住「善」；不管對受害者或具同情心的旁觀者，沒有什麼事比上述這些更引起怨懟。職是之故，給予每人其應得的原理，即以德報德及以暴制暴，不只被涵蓋進我們所界定的正義觀念裡面，還是正義感強度之所在，這在人類的評估中，置正義高於簡單的「權宜」。

現今世界所通行的，和在處理相關正義問題，常援引的大多數正義準則，都僅是有助於實踐我們所提及的正義原理。比如，一個人只為其自願為之的事物負責，或為本可自願避免的事物負責；譴責任何不知情的人是不公的；懲罰應與罪行呈比例，及其類似，都是旨在預防以暴制暴的正義原理，在沒有正當理由下被曲解成施暴。這些通用準則很大一部分已被加進正義法庭的實際運作，如此一來，這比存之於別人想像的必要規範，自然有一更完整的認知及闡釋，使法庭能履行其雙重功能，即施予犯者應得的懲罰，及賦予每一個人都有其權利。

司法的第一美德 —— 公平，做為實現其他正義義務的一個必要條件，是一種正義義務，部分來自上述提到的理由。但這不是正義訓誡所包涵的平等與公平，這些準則之所以在大眾和最具識見的人之評估中，享有人類義務中最受推崇地位的唯一緣由。從某種角度來看，它們可被視為從已設下的原理中衍生的推論。如果根據其所應得的來處理，即以德報德和以暴制暴，是一項義務，這必然推得，我們該平等善待

所有值得我們平等善待的人（在沒有更高的義務禁止的情況下），及社會該平等善待所有值得社會平等善待的人，也即是所有絕對值得平等善待的人。這是社會和分配正義最高的抽象標準；一切的制度和所有具美德的公民的努力，該盡其最大可能朝向此標準。

　　但這項偉大道德義務，做為道德第一原理的直接散播，並不是從第二或衍生教條的簡單邏輯推論，有其更深層的根基。這就涉及「效用」的確實本義或「最大幸福原理」。這項原理除非假設一個人的幸福與其他人的幸福在程度上是完全平等的（在類別上可做適當調整），否則就是沒有理性意義的具文。這些條件具備後，邊沁的格言「一個人就算一個人，沒有人可多算」可寫下做為效用原理的一個解釋性評論。③每個人都有要求幸福的平等權利，在道德主義者

③ 這在效益主義架構的第一原理中隱含人與人間完全的公平，卻被賀伯特‧斯賓賽（Herbert Spencer）先生在其《社會靜力學》（*Social Statics*）中視為以效用為「對」的充分指引這個主張的反證；因為他說效用原理預設一個前置原理，即每一個人都有獲得幸福的平等權利。更正確的描述是假設，等量的幸福是同等的被嚮往，無論是由同一個人或由不同的人來感受。然而，這不是一個預設、也不是一個需要用來支持效用原理的前提，而恰是原理本身；因為如果「幸福」和「被嚮往」不是同義詞，那效用原理是什麼呢？要是真有隱含任何前置原理；那無非是算術的真理可應用到幸福的評價上，像應用到所有其他可衡量的數量上一樣。

〔斯賓賽先生在一次私人通信中論及上一個註的議題時，反對被視為效

和立法者的評估，涉及對所有獲得幸福的手段都有平等權利，除非無可避免的人類生活條件，及每位個人的利益所在的普遍利益，給該準則設限，而這些限制應被嚴格解釋。正如其他正義的準則一樣，平等這項準則絕非普遍適用，或被普遍認為可以適用；相反的，就像我已說過，「平等」準則屈服於每一個人的社會權宜觀念。但凡在它被認為可以適用的案例，平等原則都做為正義的要求。所有人皆被視為擁有平等對待的權利，除非某些公認的社會權宜要求反其道而行。因此，所有已不被認為合適的社會不平等所呈現的特質，就不是簡單的不適宜，而是不義，且看來如此的暴虐，以致人們不禁懷疑他們以前怎麼能忍受，卻忘了他們或許在

益主義的反對者，並說他視幸福為道德（德性）的終極目的，但認為根據觀察到的行為結果進行實證概括總結，只能部分達到目的，而完全達到目的，只能從生活法則及生存條件來演繹什麼樣的行動必然產生幸福，及什麼樣的行動產生不幸。除了「必然」這個詞，我對這項教條沒有反對意見要表達，且（刪去該詞）我沒注意到效益主義的現存鼓吹者有不同的意見。邊沁，這位斯賓賽先生在《社會靜力學》中特別提到的人，是所有著者中最不會被指為不願從人類天性的法則，和人類生活的一般條件，去推論行動對幸福的影響。通常指責邊沁的是過於依賴如此的推理，及全然拒絕從特殊經驗歸納反彈，而斯賓賽先生覺得效益主義者常拘泥於此。我個人的看法（及我蒐集到斯賓賽先生的觀點）是，在倫理學，一如所有科學研究的其他分支，從這兩種程序（演繹和歸納）得到的一致結果，互相進行確認和查證，在類別上和程度上提供構成科學證明的證據，是任何普遍命題所必要的。〕

同樣錯誤的權宜概念下，容忍其他的不平等，糾正這些不平等會導致他們所同意的事看起來，和他們終於懂得譴責的事同樣的荒謬。

　　整個社會改良的歷史曾是一系列的轉變過程，一個風俗或制度依此接連嬗遞，從做爲社會生存一種理應本屬必然的事，過渡到被普遍烙上不義和暴政的行列。奴隸和自由人、貴族和農奴、達官顯要和庶民百姓的區分莫不循此轉變；而基於膚色、種族和性別的貴族政治也將會有如此，且部分已有如此的遭遇。

　　綜上所述，正義像是數種道德要求的一個名稱，整合來看，它在效用的刻度上位階較高，也因此比任何其他的義務更爲至高無上；雖然某些其他社會義務在特殊情況下，會顯出如此的重要，凌駕任何一種正義的普遍準則。因此，爲挽救生命，去偷竊或強取必要的食物或醫藥，又或去綁架和強迫唯一合格的醫療者執行任務，可能不僅是允許的，還是一種義務。在這種情況下，就像我們不能將任何不是一項美德的事稱之爲正義一樣，我們通常不會說，正義必須讓位於某些其他道德原理，而會說，由於其他原理的緣故，正常情況下的公正，在特殊情況下是不公的。透過這項說辭的有用調整，既可保持屬於正義的不可廢棄特性，也擋下堅持有值得讚揚不義的必要性。

　　我認爲，迄今所已引證的各種考量，解決了效益主義道德理論中唯一眞正的難題。所有正義的案例也都是「權宜」的案例已相當明顯：差別在於正義對比於「權宜」附著了特

殊情操。如果這種特殊情操足以憑藉；如果毋須為它賦予任何特殊的起源；如果它純是天生的怨懟感，經延伸到社會的「善」而道德化；如果這種情緒不僅確實存在（也應存在）於所有與正義觀念相應的各種層次的案例中；那正義觀念本身不再是效益主義倫理學的障礙。

正義仍是數種社會效用的適當名稱，這些社會效用比起任何別的更重要，因此也更具絕對性，及強制性而自成一類（雖然在特殊情況下，比起其他，不是都如此）；也因此，它應受（同時也自然受）一種情操來捍衛，不論在程度上，也在類別上；有別於那附著於僅旨在提昇人類愉悅或便利觀念的較溫和情緒，它立即顯示其要求更確定的性質，和其拘束的嚴厲特質。

約翰・斯圖爾特・彌爾年表

年代	生平記事
一八〇六	五月二十日生於英國倫敦北部郊區潘屯維爾（Pentonville）。
一八二三	任英國東印度公司初級書記。
一八三〇	遇見哈莉耶特·泰勒女士（Harriet Taylor）。
一八四三	出版《邏輯體系》（*A System of Logic*）。
一八四四	發表《關於政治經濟體某些懸而未決問題論文集》（*Essays on Some Unsettled Questions of Political Economy*）。
一八四八	出版《政治經濟體原理》（*Principles of Political Economy*）。
一八五一	與哈莉耶特·泰勒女士結婚。
一八五六	升任英國東印度公司聯絡處主任審查官（Chief Examiner）負責殖民行政的官方報告書，相當於國家級的次長；且當選美國藝術和科學院（American Academy of Arts and Sciences）外國榮譽院士。
一八五八	卸任離開東印度公司與妻女同遊法國，妻死葬於法國亞維農（Avignon）。
一八五九	出版《論自由》（*On Liberty*）和《國會改革的思維》（*Thoughts on Parliamentary Reform*）。
一八六一	發表《論代議制政府》（*Considerations on Representative Government*）。
一八六二	發表《美洲的爭執》（*The Contest in America*）。
一八六三	出版《效益主義》（*Utilitarianism*）。
一八六五	被選為英自由黨西敏寺區國會議員；並擔任聖安德魯大學（University of St. Andrews）的榮譽校長（Lord Rector）。

年代	生平記事
一八六八	發表《英格蘭與愛爾蘭》（*England and Ireland*）。
一八六九	發表《女性的屈從地位》（*The Sujection of Women*）。
一八七〇	發表《有關愛爾蘭土地問題的課題與演講》（*Chapters and Speeches on the Irish Land Question*）。
一八七三	五月七日死於法國亞維農，葬於其妻旁。

索 引

經典名著文庫 122

效益主義
Utilitarianism

作　　　者 —— 約翰·斯圖爾特·彌爾（John Stuart Mill）
譯　　　者 —— 李華夏
發　行　人 —— 楊榮川
總　經　理 —— 楊士清
總　編　輯 —— 楊秀麗
文 庫 策 劃 —— 楊榮川
主　　　編 —— 侯家嵐
責 任 編 輯 —— 侯家嵐、吳瑀芳
封 面 設 計 —— 姚孝慈
著 者 繪 像 —— 莊河源
出　版　者 —— 五南圖書出版股份有限公司
　　　　地　　　址 —— 臺北市大安區 106 和平東路二段 339 號 4 樓
　　　　電　　　話 —— 02-27055066（代表號）
　　　　傳　　　眞 —— 02-27066100
　　　　劃撥帳號 —— 01068953
　　　　戶　　　名 —— 五南圖書出版股份有限公司
　　　　網　　　址 —— https://www.wunan.com.tw
　　　　電子郵件 —— wunan@wunan.com.tw
法 律 顧 問 —— 林勝安律師
出 版 日 期 —— 2020 年 9 月初版一刷
　　　　　　　　2024 年 1 月二版一刷
定　　　價 —— 220 元

國家圖書館出版品預行編目(CIP)資料

效益主義 / 約翰·斯圖爾特·彌爾（John Stuart Mill）著；
李華夏譯. -- 二版 -- 臺北市：五南圖書出版股份有限公司，
2024.01
　　冊；公分.
　　譯自：Utilitarianism
　　ISBN 978-626-366-790-7（平裝）

1.CST: 效益主義

143.87　　　　　　　　　　　　　　　　112019216